LETTRES

D'ASPASIE.

a

LETTRES

D'ASPASIE.

TRADUITES DU GREC.

Gratior & pulchro veniens in corpore virtus.

VIRG.

A AMSTERDAM,

1756.

PRÉFACE

DE L'ÉDITEUR.

LE nom d'Aſpaſie intéreſſe la curioſité. On ſait qu'elle étoit belle, ſpirituelle & ſincere. Que de titres pour avoir des admirateurs ! Mais auſſi que de raiſons pour avoir de ennemis ! Sa ſincérité ſut-tout lui en fit de cruels. Elle s'aviſa d'attaquer les mœurs des dévots Payens. C'étoient des gens redoutables. Ils n'étoient point comme les nôtres ; vrais, doux charitables, toujours prêts à pardonner les offences & à voiler les foibleſſes. C'étoient des hommes faux, durs, impitoyables & ſanglans dans leur vengeance. Ils traînerent Aſpaſie au Tribunal de l'Aréopage ; & l'on ſait qu'elle auroit payé de la vie ſon imprudence, ſans les larmes de ſon illuſtre amant ; larmes qui, quoi qu'en diſe un Rhéteur, honoreront toujours la mémoire de ce grand'homme.

Aſpaſie fut l'amante de Périclès, le diſciple d'Anaxagore, & le maître de Socrate. Quels noms ! Quels éloges pour elle ; & que de motifs pour rendre ſes lettres précieuſes ! Elles ont fait les délices de l'Antiquité, & l'objet des recherches de nos Modernes. On les croyoit perdues, & le célèbre Aremoratanus avoit décidé qu'on ne les retrouveroit jamais. Heureuſement cet habile homme s'eſt trompé, & un jeune François vient de les découvrir.

L'avanture de ce François eſt aſſez ſinguliere. Il voyageoit en Arabie, & il oſa y dire que les Mollahs étoient des fainéans inutiles à l'État. On l'arrêta pour ce blaſphême, & on le comdamna à être eſclave toute ſa vie. Sur cet Arrêt, on l'envoya à Alexandrie pour y être vendu. Heureuſement il tomba entre les mains d'un maître humain. Abdias (c'étoit ſon nom) aimoit les les lettres & les arts. Il fut charmé de voir que ſon eſclave les chériſſoit. Il l'exhorta à les cultiver, il lui en donna le loiſir, & lui confia la clef d'un vieux galetas où étoient entaſſés mille volumes poudreux, échappés jadis aux flames de cet ingénieux Sarrazin qui mit le feu à la fameuſe Bibliothèque des Ptolomées. Qu'elle fut l'agréable ſurpriſe de notre avanturier, quand le premier volume qui lui tomba ſous la main, lui offrit les Lettres de la fameuſe Aſpaſie ? Il les lut avec avidité, & en traduiſit uue partie dans ſa Langue. Les autres lui parureut trop difficiles à rendre, & voila la cauſe de quelques lacunes qu'on trouve dans ſon manuſcrit. Il travaille cependant toujours à vaincre ces obſtacles ; & il ne déſeſpere pas de donner un jour l'ouvrage complet.

Le jeune eſclave ayant enfin recouvré ſa liberté par les bontés de ſon maître, revint dans ſa patrie, & y porta ce tréſor. Je fus un des premiers à qui il en fit part. Je l'exhortai auſſi-tôt à le donner au public ; & après ces difficultés que les Auteurs font toujours, & auſquelles ils ſeroient bien fâchés que l'on cédat, je l'engageai à confier ce dépot à la Preſſe.

L'Éditeur ſe paſſione ordinairement pour les ouvrages qu'il publie. C'eſt une eſpéce d'adoption qui lui donne en faveur des écrits des autres, les entrailles paternelles ; c'eſt-à-dire, la même préſomption pour leur mérite, le même aveuglement pour leurs défauts. Je ne ſais ſi cette maladie ma gagné ; mais il me paroît que ce recueil doit faire plaiſir. Je me persuade que l'on verra avec satisfaction la différence des mœurs d'Athènes & de Paris, ou leur conformite. Celle-ci est plus grande qu'on ne pense. On trouvera souvent des traits assez pareils à ceux qui nous frappent aujourd'hui ; peut-être même quelquesois des ridicules exactement ressemblans à ceux dont nos Petits-maîtres nous amusent. Il ne faut point s'en étonner. Les passions toujours les mêmes dans tous les siécles, l'oisiveté toujours égale dans les grandes villes, produisent le même cercle de vices ou de petitesses. Après tout, si quelqu'un trouvoit un portrait peu flatteur qui parut avoit un rapport avec lui, il y a un moyen sûr d'y remedier : c'est de corriger le trait de ressemblance.

FAUTES A CORRIGER.

PAge 56. ligne 1 ne pouvent plus, *lisez* ne pouvant plus.

P. 65. lig. 18 m'envoyoit, *lisez* m'envioit.

P. 66. lig. 2 beaucoup a, *lisez* beaucoup. A.

P. 65. lig. 12 lui laissa, *lisez* le laissa.

P. 78. lig. 16 ordinairement, *lisez* originairement.

P. 120. lig. 10 infiniment gros, *lisez* infiniment plus gros.

P. 148. lig. 1 me? *lisez* l'estime.

P. 150. lig 4 compagnies, *lisez* campagnes.

P. 162. lig. 4 vilage, *lisez* visage.

P. *ibid.* lig. 8 severité, *lisez* fermeté.

P. 233. lig. 13 y a applaudi, *otez* y.

Ibid. lig. 14 avez pris, *lisez* y avez pris.

LETTRES D'ASPASIE.

LETTRE I.

Aſpaſie à Phila.

J'Arrive enfin, ma chere Phila. Après une navigation dangereuſe, on a débarqué à Corinthe; de-là je ſuis venue par terre à Athènes. La Grèce me paroît un pays fertile, riche, rempli de villes qui l'emportent infiniment ſur les nôtres. Athènes tient le premier rang, immenſe dans ſon enceinte, innombrable dans ſes habitans, magnifique dans ſes édifices. Le Commerce y regne, les Arts y fleuriſſent, les Plaiſirs y triomphent. Rien n'égale la beauté de la Ville, du côté du Port. Sur une rive du fleuve qui le forme, c'eſt une ſuite de maiſons ſuperbes & riantes : un Cours vaſte & charmant, un Jardin la merveille de la Grèce, un Palais d'une longueur prodigieuſe, préſentent à l'autre bord, un ſpectacle enchanteur.

Donne moi inceſſamment de tes nouvelles ; mande moi ce que l'on penſe de mon voyage. Les ſoupçons de mes ennemis peuvent me divertir par leur ridicule ; & leur noirceur n'eſt pas capable de m'affliger. L'eſtime d'un petit nombre que je révére ſuffit à ma tranquillité.

Privée dès mon enfance, de parens que je ne connus jamais, j'intéreſſai à mes malheurs ton illuſtre pere, le généreux Hidrié. Ce digne

digne citoyen ne voulut pas être ſeulement compatiſſant : il fut magnifique dans ſes bienfaits. Il me fit élever avec les mêmes ſoins que toi-même. Il daigna devenir mon pere : tu ne rougis point de m'appeller ta ſœur. Touché du germe de quelques talens qu'il apperçut en moi, il forma pour mon éducation un plan nouveau. Il crut que les foibles avantages de la beauté n'étoient point un titre qui diſpenſât d'avoir des connoiſſances. Il me donna les maîtres les plus fameux. Tu ſais avec quelle ardeur je m'appliquai. Je me fis un nom dès ma plus tendre jeuneſſe : j'excitai l'envie. Je perdis mon illuſtre protecteur, & je me trouvai à quinze ans ſans appui, ſans conſeil, avec une fortune que m'avoient laiſſé ſes bienfaits, mais qui ne faiſoit qu'irriter contre moi la baſſe jalouſie. Je tentai de la fléchir : elle fut implacable, il fallut ſe ſouſtraire à ſes traits. Dans le deſir ou j'étois de m'inſtruire, je jettai mes vûes ſur Athènes. Je comptai pour rien les fatigues; je ne fus ſenſible qu'à ta perte.

Adoucis en la douleur par tes lettres, je ne laiſſerai paſſer aucune occaſion de t'envoyer des miennes. Notre éloignement ne diminuera rien de ma confiance. Je te peindrai mon eſprit comme je le faiſois à Milet. Je t'ouvrirai mon cœur. Tu ſçauras mes reflexions, mes peines, mes plaiſirs. Je t'avouerai même mes fautes. Je ne te tairai point mes foibleſſes les plus humiliantes. La plus grande de toutes eſt de n'oſer en montrer aux yeux de l'amitié.

LETTRE II.

A la même.

MA chere Phila, les singulieres gens que les Athéniens · Je me suis liée avec une de mes voisines qui m'aide beaucoup à les connoître, & tous les jours je les trouve plus divertissans. Cette Dame voit peu de monde chez elle ; mais elle a une amie fort repandue, chez qui l'on tient des assemblées. Je la priai l'autre jour de me conduire dans un de ces cercles, & elle s'y prêta avec plaisir. Nous allâmes dans un Palais ; ç'en est un quoique ce ne soit qu'une financiere qui y loge; nos premiers Magistrats de Milet n'en ont point de cette beauté. Nous entrâmes dans un salon superbe où il y avoit une societé nombreuse & brillante. Tu ne devinerois jamais ce qui m'embarassa d'abord ; la distinction des deux ſexes. La premiere idée qui me vint, c'eſt que comme on étoit dans le tems des Bacchanales, on pouvoit fort bien s'être déguiſé. Tu ris ! je te jure que tu n'aurois pas été moins inquiette à ma place. Figure toi un groupe d'Etres tous également friſés, tous la tête couverte d'une poudre blanche; parfumés des mêmes eſſences; parés d'habits auſſi ſomptueux, auſſi bigarrés, auſſi artiſtement arrangés; parlants avec un ton doucereux & une voix traînante; ſe diſputans à qui feroit le plus de minauderies, à qui diroit le plus de bagatelles. Imagine cette ſeule différence que ceux qui étoient habillés en hommes avoient un tein plus pâle, plus délicat; au lieu que des couleurs forcées donnoient aux autres un air plus hardi, plus mâle. N'aurois-tu pas à ce coup d'œil été dans le même doute que moi? Je fus pourtant bientôt tirée du mien, car je me trouvai environnée d'une douzaine de ces demi-hommes qui me dirent les plus jolies fadeurs du monde. Ce sont les premieres gens de la terre pour être bêtes avec esprit. Ecoutez leurs conversations il n'y a pas le sens commun ; mais tout cela est dit avec les tours les plus ingénieux. Ah les jolies sottises ! il y a même ceci de bien commode ; c'est qu'une étrangere est instruite dès la premiere entrevue de toute les histoires scandaleuses de la ville. Je sçûs que la jeune Sapho étoit éprise pour le volage Cléanthe : que la vieille Eriphile songeoit à renvoyer le fade Charès qui lui vendoit ses faveurs, tandis qu'il achetoit celles de la sotte Chrisis : que la prude Arsinoé avoit été surprise avec le devot Poliperchon: que le pontife Codrus savoit mieux cacher son jeu avec la médisante Cephise ; on feroit des volumes de ce que j'appris de chacun en particulier. Mais tous se reunirent pour railler sur un certain Anaxagore. Ils en dirent bien du mal, cela m'a inspiré le desir de le connoître. Je lui soupçonne du merite. Ce n'est pas un petit prejugé en sa faveur que d'avoir déplu à des ames de cette trempe.

Tu me recommande de bien défendre mon cœur. Je te jure qu'il est bien en sûreté, si je ne trouve que de pareils conquérans. Je connois peu l'amour ; mais je crois sentir que s'il me surprend, ce ne sera jamais qu'à la suite de l'estime.

LETTRE III.

A la même.

LE tumulte d'Athènes ne m'empêche point de continuer mes études, elles deviennent même un préservatif nécessaire dans ce pays frivole. Je me livre tous les ſoirs à des reflexions qui me rendent à moi même. Je lis les ouvrages qui ont illuſtré à jamais cette ville. Il faut l'avouer il y a ici des hommes qui, égaux dans tout le reſte à leurs voiſins, ajoutent à leurs écrits une délicateſſe qui leur eſt particuliere. Jamais peut-être la vertu ne fut mieux peinte que par ce peuple vicieux. Je m'applique beaucoup à ceux qui on travaillé ſur cette matiere. Tu ſais que de tout tems la morale fit mes délices. Les autres ſciences ont été pour moi des amuſemens aimables, celle-ci m'a toujours paru l'eſſentielle. Qu'eſt-ce en effet que les Mathématiques les plus ſublimes ou la Méthaphiſique la plus abſtraite, comparées à cette doctrine qui n'a pour objet qu'un bonheur fondé ſur la vertu? qui d'un côté nous développant notre propre cœur, nous en fait connoître les reſſorts, nous apprend à en ſoumettre les mouvemens à la raiſon ; & inſpirant un calme inaltérable , modère l'ivreſſe de la proſperité , arrête les deſirs dans la médiocrité , & nous conſole au milieu des orages : Qui d'un autre côté montrant les devoirs de la ſociété , & l'intérêt que nous avons à les remplir , fait des citoyens zélés , des peres tendres, des fils reſpectueux, des époux fideles, des amis invariariables dans les diſgraces.

Je t'envoye les ouvrages de trois Ecrivains différens admirables dans ce genre.

L'un dans des reflexions ſombres & profondes déchire les voiles de l'amour propre , & fait de nos paſſions un tableau effraïant. Affligeante , mais utile idée qui nous apprend à nous méfier de leurs preſtiges ! L'autre dans ſes diſſertations délicates , plus fin , mais moins vigoureux , ne cherche dans le cœur humain que des objets d'une flateuſe tranquillité, & des reſſources pour une félicité qu'il fonde ſur les plaiſirs. Le troiſiéme dans des fictions brillantes adouciſſant la touche du premier, & annobliſſant les pinceaux du ſecond, ajoute ces traits frappans qui perſuadent la vertu, & y mêle ces tons gracieux qui la font aimer.

On m'a montré deux autres productions de ce dernier. Dans l'une il aſſigne les cauſes du progrès & de la décadence de l'Empire de la nouvelle Troye. Dans l'autre il examine tout ce qui peut influer ſur les loix, & ſe ſert de cette examen pour indiquer celles qui ſont les plus favorables à chaque peuple. On eſt étonné que des livres en apparence ſi divers, ayent pû partir de la même main. Pour moi je trouve dans tous la même choſe : un eſprit qui voit tout, & qui tourne tout au profit de l'humanité.

LETTRE IV.

A la même.

J'Allai hier dans un jardin public fort joli, bien entretenu, très fréquenté où l'on respire plutôt la poussiere que l'air. C'étoit justement le jour que les oisifs de la ville ont consacré pour s'y rendre. Car il y a des jours designés pour chaque promenade, & les Ephésiens manqueroient plutôt les solemnités de Diane, que les petits maîtres ces rendez-vous publics. J'étois assise tranquillement avec cette dame dont je t'ai parlé, dans un endroit écarté; lorsque je m'apperçus qu'on s'amassoit autour de moi. Pendant que je cherchois à qui l'on en vouloit, je vis que la foule grossissoit; & en même tems qu'on me regardoit beaucoup. Je me levai précipitamment pour me dérober à ces curieux. Il n'étoit plus tems. On m'avoit bouché toutes les issues. Je fus dans un moment investie de mille étourdis qui la vûe sur moi, & en se poussant avec un bruit sourd se donnoient la liberté de dire très haut ce qu'ils pensoient sur ma figure. D'abord mon amour propre eut lieu d'être satisfait. D'une voix unanime on me proclama *unique*, *adorable*. Ensuite, on rabattit un peu de cet éloge. On assuroit que telle autre étoit pour le moins aussi bien. On me prit en détail. On me trouva la bouche grande, le front petit. Ma taille étoit brillante; mais il y avoit quelque chose de provincial qui nuisoit à ses graces. On convenoit assez que j'avois de beaux yeux, & on ajoutoit qu'ils n'annonçoient point de cruauté. On disputoit beaucoup sur mon pays. Les uns vouloient que je fusse Epirote, d'autres Thessalienne. Tout bien pesé, je fus décidé

Macédonienne. Tu peux juger dans quel état je me trouvois. Je rougiſſois, je paliſſois, je devenois de mille couleurs; & j'en entendois qui aſſuroient que c'étoit un air de coquette, & que dans le fond j'étois bien flattée. Plus je faiſois d'efforts pour m'en aller, plus on ſerroit les rangs. Enfin je crois que j'y ſerois encor ſans un généreux Archonte dont l'autorité nous fit faire place. Nous regagnâmes notre char plus mortes que vives jurant bien de ne nous promener jamais à l'heure de ces importuns ſpectateurs.

LETTRE V.

A la même.

JE reviens du Théâtre. On a repréſenté l'Œdippe de Sophocle, ce Poëte que tu chéris. Un acteur nouveau jouoit le rôle de cet infortuné Roi. Il eſt difficile d'y mettre plus d'intelligence & de pathétique. C'eſt dommage que ſes talens ſoient gâtés par un défaut que nôtre ſexe ne pardonne gueres ; une figure baſſe & déſagréable , pour moi , je l'ai vû avec beaucoup de plaiſir. Cependant je ne l'ai pas ſuivi autant que je l'aurois voulû. J'etois diſtraite par un autre ſpectacle qui ne m'occupoit pas moins : ç'étoient deux hommes placés aux coins de l'orcheſtre que je voyois dans une agitation perpétuelle. Leurs mains, leur bras, leurs pieds, leur tête, tout leur corps etoient dans des convulſions continuelles. Mais leurs mouvemens étoient bien différens. Car quand l'un applaudiſſoit, l'autre levoit les épaules , & quand celui-ci faiſoit des ſignes d'approbation , celui-là auſſitôt en donnoit de mépris. En même tems on entendoit un bruit épouvantable dans l'arène , & je remarquois que les impreſſions de la multitude ſuivoient exactement les ſignaux des deux premiers ; de façon que quand l'un d'eux battoit des mains, tout ſon côté en faiſoit autant, & le côté oppoſé ne manquoit pas de ſifler.

Il me vint mille idées bizarres pour expliquer ce phénomène. Enfin impatientée ; je me retournai vers un inconnu qui étoit auprès de moi. Pardonnez, Monſieur, lui dis-je, une queſtion peut-être importune. Mais voilà une heure que je me tourmente pour deviner quel eſt l'emploi de ces deux hommes a qui je vois faire tant de grimaces. Sont-ils payés par le public pour jouer ce perſonnage ridicule? Ce ſont me repondit-il, des *Caballeurs*. Hé quelle eſt leur fonction? repris-je. Celle, me dit-il, de nuire au mérite, & de ſervir la foibleſſe. Bon Dieu m'écriai-je, voilà une vilaine prérogative. Ils la trouvent charmante, ajouta-t-il;

&

& j'en connois qui ſans elle, auroient été dans de cruels embarras. Ce ſont des gens attentifs à tout ce qui paroît de nouveau. Parlet'on d'une piece que l'on doit donner au public, ou d'un écrit qui commence à ſe débiter. Ils ne les liſent point, & il font fort bien: Ce ſeroit peine perdue. Ils ne s'informent pas même s'il eſt bon; mais quel eſt l'auteur, s'il y a à gagner avec lui, ou ſi l'on ne trouveroit pas plus à profiter avec un rival qui ne ſeroit pas fâché de lui nuire; s'il leur a rendu la juſtice de les mépriſer, ou s'il a eu la foibleſſe de les craindre. En conſéquence voilà leur ſuffrage fixé, & l'ouvrage eſt déteſtable ou divin. Apparamment lui dis-je, que ces gens-là ont une grande reputation, ou beaucoup de crédit, puiſqu'ils entraînent dans leur parti une ſi nombreuſe recrue. Rien de tout cela, reprit-il, ce ſont tous des auteurs flétris qui cherchent à avoir des compagnons de leurs disgraces ; des esprits du dernier rang, qui ne pouvant pas se faire estimer, veulent au moins se faire craindre ; & vous jugez bien aux sentimens de pareilles gens, que leur état ne doit pas être fort relevé. Voici comme ils procédent. Veulent-ils faire tomber une tragédie, par exemple, contre laquelle ils ont été soudoyés, ils vont dans un de ces endroits publics où se ramasse un tas d'hommes oisifs, où il suffit de parler haut pour avoir un cercle, où il est essentiel d'avoir un ton décisif & élevé. Là, ils mettent l'ouvrage sur le tapis. Ils disent qu'ils l'ont vû quoi qu'à peine ils en sachent le titre ; qu'il est plein de défauts, misérable ; que des Ecrivains illustres l'ont jugé tel. Ils inventent des fables pour le rendre ridicule. Ensuite ils se jettent sur l'infortuné Poëte ; ils le traitent comme s'il leur reſſembloit : de ce lieu, ils paſſent ſucceſſivement dans vingt autres où ils tiennent exactement les mêmes propos. Ils ont pour ſe ſoulager des coureurs ſubalternes inſtruits par eux qu'ils lâchent dans les différens quartiers de la ville. Ils la rempliſſent par là de préjugés toujours nuiſibles. Surtout ils s'attachent un grand nombre de jeunes gens pilliers de l'arène. Ils ont ſoin de répandre dans les rangs leurs *Cabaleurs* en ſecond, qui exacts à ſuivre tous les ſignaux de leurs chefs, entraînent un gros d'ignorans dont ils ſont entourés ; & comme cette partie du théâtre a le droit excluſif du ſuffrage, ils réuſſiſſent quelque fois à en inſpirer à leur gré. C'eſt un triomphe complet quand ils ſont parvenus à faire tomber un chef-d'œuvre. Il eſt vrai qu'il y a des revers. Mais il eſt prudent d'abandonner une partie de ſon corps pour dérober le tout à la faim. Il m'ajouta que les Ediles commençoient à prendre des mesures qui pourroient bien arrêter les profits de ces intriguans. Pour moi je crois qu'on ne sauroit trop les punir ; car si les arts font une partie de la gloire de l'état, que ne mérite point un citoyen odieux qui au crime bas de nuire à d'innocens objets de sa haîne, ajoute le malheur d'étouffer des talens toujours timides dans leurs naissance qu'on doit animer par l'indulgence, & que découragent d'injustes affronts.

LETTRE VI.

A la même

LA pièce que je vis jouer il y a quelques jours, me fit naître l'envie de relire les ouvrages les plus estimés dans ce genre. Depuis ce tems j'ai été occupée de ces deux fameux tragiques, qui dans le siécle passé porterent si haut la gloire de la Scène attique ; l'un admirable dans l'expression de ces grands mouvements qui ont animé les héros, l'autre inimitable dans la peinture de ces passions qui agitent les amans. Frappée du sublime de Coronée, tu ne balançois pas à lui donner la préférence sur son rival. Tu lui trouvois un génie infiniment supérieur, & tu n'accordois à *Ramsire* que le mérite de plus d'élegance. C'est peut-être le seul point où nos sentimens aient jamais été divisé. Daigne encore jetter un coup d'œil sur les foibles reflexions que m'a procuré une lecture nouvelle.

Toute la question me paroît se réduire à ceci : l'un a-t-il mieux peint son objet que l'autre ? Quel étoit l'objet le plus difficile à peindre ?

Une étude attentive fixe la premiere proposition. La variété des rapports, la vivacité des traits, la propriété des couleurs me semblent inconteſtablement égales des deux côtés.

On eſt étonné de la diverſité des perſonnages de Coronée. En effet ce ſont des guerriers intrépides, des citoyens devoués, des politiques conſommés dans leur art ; des Princes magnanimes, des femmes remplies des ſentimens les plus élevés & combien cet héroïſme n'eſt-il pas varié! Mais l'amour dans Ramſire l'eſt-il moins ? conſidere de près ſes héroïnes. Elles ſont toutes animées par cette paſſion, & dans toutes cette paſſion ſe préſente ſous des caractères divers. Dans Andromaque c'eſt ſa conſtance : dans Hermione, ſa fureur : ſa naïveté dans Iphigénie : Sa douceur, dans Phœnime : il intéreſſe dans Barſine : il fait trembler dans Phœdre : Roxane & ſa rivale, montrent ſes ſoupçons. Mais quelle différence dans leur jalouſie ! dans l'une, c'eſt toute ſa violence ; dans l'autre, toute ſa délicateſſe.

Pourroit-on conteſter la vivacité des traits à Ramſire ? Qu'on examine l'Amante de Pirrhus quand elle apprend la mort de ce Prince, l'épouſe de Théſée lorſqu'elle eſt agitée par les remords, la Reine de l'Orient au moment où elle voit que ſa confidente eſt ſa rivale. Ces morceaux ont ils moins de feu que les éclairs de Coronée ?

On avoue que perſonne ne ménagea mieux les couleurs que Ramſire ; en cela, dit-on, ſupérieur, & ſelon moi égal, ils ont en effet employé chacun le coloris qui leur étoit propre. La fineſſe de celui de Ramſire auroit été déplacée pour les grands Sujets de Coronée, & la force de ce dernier n'auroit pas convenu aux ſujets délicats de l'autre. Il reſte à examiner quels objets étoient les plus difficiles à peindre. Tu convenois que les rapports de l'amour étoient infinis, que ses nuances plus fines se déroboient plus aisément au pinceau ; qu'il étoit moins facile de faire illusion en faveur d'une peinture inexacte ; parce que portant toujours cette passion au dedans de nous mêmes, elle nous éclairoit sans cesse sur la justesse des traits qui l'exprimoient. Ainsi tu ne parlois que de l'élévation de l'héroisme qui selon toi exigoit plus de génie. Mais qu'est-ce que cette élévation ? Un respect que la nature ou le préjugé nous font attacher à une idée. Cet effet de notre ame ajoute-t-il quelque chose de réel qui rende cette idée plus difficile a exprimer ? Sans entrer ici dans une dissertation, je ne veux qu'un exemple. Tu connois ce tableau de Sardes où Zeuxis a peint Vénus recevant sa ceinture de la main des Graces. Nous avons un de parrasius où Jupiter est représenté présidant au conseil des Dieux,

Dieux. Quant à la nobleſſe de ces Sujets quelle différence entre eux! on n'en met aucune dans le mérite de ces deux chef-d'œuvres.

LETTRE VII.

Phila à Aſpaſie.

REviens, ma chere Aſpaſie, reviens. Si mes larmes n'ont pû empêcher ton départ, qu'elles obtiennent au moins ton retour. Les Sciences d'Athènes valent-elles les douceurs de l'amitié ? Tout ici te deſire. Ton abſence a fait ſentir ta valeur. On ne ſait plus que t'admirer. On ſe rappelle ton génie. On vante tes connoiſſances, on éléve juſqu'aux Cieux ton cœur bienfaiſant. L'envie eſt déſarmée. Tes ennemis ſont confondus. Licortas eſt en horreur. Reviens. Rends à Milet ſes graces, & à ta tendre Phila ſes plaiſirs.

LETTRE VIII.

Aſpaſie à Phila.

JE n'ai pû lire ta Lettre ſans la baigner de mes pleurs. Il eſt conſolant de ſçavoir qu'on a une amie. Il eſt affreux d'en être ſéparée pour toujours. Ma chere Phila ! Non il ne m'eſt plus poſſible de revoir ma patrie. Ma fuite a fait naître l'eſtime, mon retour reveilleroit la haine. Les regrets dont on honore mon abſence, ne ſerviroient qu'à l'aigrir. La gloire eſt un crime que les ames baſſes ne pardonnent jamais. Ta naiſſance illuſtre opprime leurs cris. L'obſcurité de la mienne leur ouvre un vaſte champ. Mais je veux qu'il n'y ait rien à craindre de l'envie. Penſes-tu que la ſuperſtition ne ſoit pas redoutable ! J'oſai la premiere lever un œil hardi ſur des obſcurités reverées. J'oſai porter le flambeau de la raiſon dans la profonde nuit du ſanctuaire. J'éclairai mes Concitoyens. L'es Pontifes de Cerès virent diminuer leurs honneurs. Penſes-tu que ce ſoit un attentat graciable à leurs yeux ! Ignores-tu que les Miniſtres des Dieux ne ſçavent peindre Jupiter qu'avec l'attribut de la vengeance ?

LETTRE IX.

Aſpaſie à la même.

JE t'écrivois il n'y à pas long-temps que l'élévation des objets ne décidoit pas toujours du mérite d'un Auteur. J'entendois ce mérite qui vient du Génie. Car, on ne peut le nier, un écrivain qui ne chercheroit qu'à inſpirer les mœurs, en montrant les mêmes talens, deviendroit tout autrement cher à ſa patrie ; & c'eſt ce qui met Sophocle au deſſus de ſes rivaux. Ses deux illuſtres prédéceſſeurs rempliſſoient leurs ſpectateurs ou de ſentimens hors d'uſage pour la plûpart des hommes, & qui donnant tout à admirer ne laiſſent rien à imiter, ou de mouvemens que la nature nous fait aſſez ſentir, & que l'Art peut rendre dangereux en ajoutant à leur vivacité. Sophocle a ouvert de nos jours une nouvelle carriere. Il a peint les vertus ſociales, & a rendu le théâtre une école de mœurs où il les fait aimer. Relis cette piece admirable où il mêle dans un groupe nouveau les habitans infortunés des Iſles Atlantiques, & leurs cruels vainqueurs. Que d'exemples frappans pour qui ſçait s'inſtruire! Quel contraſte ſublime des fureurs de la ſuperſtition & de la candeur de la ſimple nature; des vertus que l'Art n'a point cultivés, & de la probité perfectionnée par l'éducation? On ne peut ſoutenir ce ſpectacle ſans être attendri juſqu'aux larmes du caractère de ce Vieillard vénérable le protecteur, le pere de tous les malheureux. Peut-on en fortir fans fe propofer de l'imiter ?

Qu'on doit aimer un Poëte qui confacre à l'humanité les fons les plus harmonieux qui furent jamais ! Heureux fi moins flatté de fes premiers fuccès, il eut moins compté fur fes forces ! Heureux, fi pénétrant plutôt toute la difficulté d'un Poëme, il l'eut entrepris plus tard, médité plus férieufement, travaillé plus long-temps ! Heureux s'il n'eut jamais perdu de vue l'exemple du rival d'Homere, ce génie fupérieur déja illuftré par des chefs-d'œuvres, qui au bout de dix ans croyoit laiffer encore un ouvrage imparfait ! Peut-être Sophocle alors auroit-il enrichi Athènes d'une nouvelle Iliade, au lieu d'une élégante efquiffe deftinée à périr.

LETTRE X.

A la même

VENEZ, me dit hier une Athénienne ; je veux vous faire entendre un Concert merveilleux. Tu connois mon goût décidé pour la musique. Je m'habille en hate ; je monte dans un Char : nous volons : nous arrivons au sallon vanté. Comme j'entrois, une jeune Vierge chantoit, dans une attitude modeste sous des vétemens pauvres. Non, Phila, la beauté ne vaut point une figure si touchante. En détail, tu l'aurois blâmée, si tu avois pris l'ensemble, tu aurois trouvé les graces, l'esprit, la pudeur personifiés. Le volume de la voix étoit médiocre ; mais le timbre en étoit enchanteur. Le cœur partageoit tous les sentimens quelle exprimoit. Elle disoit alors l'inquiétude des desirs, il étoit impossible de se déſendre de les ſentir. Je demandai quelle étoit cette aimable Sirène. On me dit que ſa naiſſance étoit obſcure, & ſa fortune des plus dures; mais unanimement on me fit l'éloge de ſa douceur, de ſon génie & de ſa vertu. Quelle Ville, ma chere Phila, où le mérite reconnu languit dans l'indigence, tandis que le vice démaſqué y triomphe dans l'éclat! Tu vas voir encore mieux combien ma réflexion eſt placée. Devant cette jeune perſonne, il y avoit une femme qui l'accompagnoit avec le Polichorde. Sa figure m'intrigua. Sa tête étoit chargée de diamans; ſes oreilles gémiſſoient ſous le poids des rubis; & ſon col décharné étaloit un million de perles. Ses cheveux de derriere touffus & bouclés avec art, annoncoient une beauté de vingt ans; par devant, ſon front tout-à-fait dépouillé préſentoit aſſez bien l'image du temps. Sa bouche étoit ſexagénaire; & l'on auroit pris ſes joues pour celles d'Hébé même. Le haut de ſa gorge montroit une dégoutante vétuſté, & le bas admirablement rebondi auroit rendu entreprenante la main d'un petit-maître. Un air dédaigneux témoignoit le plaiſir que lui cauſoit ſa parure ; mais en même temps un air de baſſeſſe, en accuſoit une réelle dans les mœurs. J'en fus encore plus perſuadée, lorſque la jeune Vierge qui m'avoit inſpiré un ſi vif intérêt, finit, & partit. Les applaudiſſemens unanimes la ſuivirent juſqu'à ſon ſiége. Mais la jalouſe Polichorde, la regardant avec un œil inſultant, ſe leva pour la remplacer. Je l'écoutai avec attention. Bons Dieux! Ne ſçauroit-on renoncer à plaire quand on en a paſſé le temps! Une voix caſſée, des ſons tremblans, des grimaces riſibles me divertirent un moment; enſuite me retournant vers ma conductrice, je lui demandai l'explication du contraſte que j'appercevois dans notre chanteuſe. Deux mots me dit-elle, vous donneront la clef de l'Énigme. Cette femme née dans un état vil a fait ſa fortune par ſa complaiſance. Vous comprenez qu'elle a trop d'obligations à ſa figure, pour négliger d'en reparer les déſordres, quoiqu'elle puiſſe compter un demi ſiécle de travaux. Au reſte, tout ce que vous admirez ici reſſemble à ſon tein qui, il y a huit jours demeuroit chez le parfumeur Etéſias.... Tandis qu'elle me parloit encore, un autre ſpectacle me ravit à la converſation; c'étoit un jeune Augure, qui couvert des habits les plus lugubres & les plus auſteres, célebroit les plaiſirs d'Adonis, dans les bras de Vénus. Ses yeux, ſes mains, tout ſon corps ſécondoit ſa voix; & ſous l'attirail ſacré, ſes tons gais & tendres ſembloient faire l'amour à ſon nombreux auditoire. Il s'arrêtoit quelquefois, & alors il rajustoit une chevelure artistement arrangée ; puis sa voix radoucie recommencoit à célebrer avec art ses plaisirs que sa profession proscrit. Je m'amusois de ce tableau, & je faisois à ce prix, grace à sa voix aigre ; lorsqu'une voix de tonnerre part subitement. Ma chere amie, imagine les cris terribles du bœuf sacré, lorsque percé par la main du sacrificateur, il tombe aux pieds du Jupiter de Milet. Ce qui me plaisoit le plus, c'est que le cercle, charmé de sentir le timpan ébranlé avec fureur, lui passoit ses faux tons, & son détestable goût ; pour moi je portai mes mains à mes oreilles, & j'occupai mes yeux. Une compagnie mélangée remplissoit un trou assez bien orné ; cinq à six luminaires idécens éclairoient à peine les spectateurs. Tu croiras que ceux-ci étoient occupés a entendre ? Point dutout. Ils applaudissoient sans écouter. Imagine même qu'il seroit ici du mauvais ton d'être attentif dans le meilleur concert. Près de moi, deux hommes parloient d'un procès : deux autres racontoient les embélissements qu'ils avoient faits à leurs terres. Plus loin, un groupe de jeunes gens se montroit des bijoux, qu'ils n'avoient point payés : d'autres s'entretenoient de bonnes fortunes, qu'ils n'avoient point eûes : d'autres faisoient passer le cercle en révue, & médisoient de tout l'univers. Ici, on donnoit un coup d'œil à un grand Seigneur dont on ne se soucioit guère, où le sourire le plus tendre a un Crœsus que l'on détestoit ; là, on recevoit derriere une mere, le billet d'un galant ; où l'on promettoit en face du mari un rendez vous à un favori. Je riois en secret de ces scénes, lorsque nôtre hideux hôte persuadé que mon air de contentement étoit l'effet de la beauté de son Concert, vint à moi : vous êtes enchantés, me dit-il, je le vois bien. Mais vous n'entendez rien encore. Ce sera bien autre chose quand nous en serons à la simphonie. Tout à coup, j'entends un ensemble de setrachordes, de lyres, de guittares, de basses discordantes ; puis les clameurs de vingt voix aigres, fausses, désunies : jamais les ânes sauvages de la Béotie, n'ont fait retentir les échos de Thebes d'une si bruyante mélodie, je me levai avec précipitation. Je montai dans ma voiture, remplie d'indignation contre l'insensible oreille qui m'avoit invitée à cette douloureuse fête.

LETTRE XI.

A la même.

TU aimes trop tout ce qui fait honneur à l'humanité pour que je te laiſſe ignorer un édit qu'on vient de publier ici. On y crée une école où les fils des guerriers deſtinés à marcher ſur les traces de leurs peres doivent êtres élevés aux dépens de l'Etat, dans les arts & dans les vertus. Cet établiſſement me paroît le plus noble & le mieux entendu que je connoiſſe dans l'Attique. C'eſt récompenſer, ce qu'il y a au monde de plus vénérable, la valeur des généreux défenſeurs de la patrie, de la maniere la plus utile pour elle, & la plus touchante pour eux. On ſatisfait la paſſion la plus vive & la plus reſpectacle, & on la ſatisfait de la maniere la plus flateuſe ; en donnant aux peres le plaiſir de rendre leurs fils ſemblables à eux.

Quel aiguillon pour verſer leur ſang, que de ſavoir qu'il doit être le germe du bonheur de ce qu'ils ont de plus cher ! Quel motif pour braver la mort, que d'être certains que l'Etat ſe rend dépoſitaire de la vie & de l'honneur de leurs deſcendans !

Les autres récompenſes ſont ſouvent des fardeaux, néceſſaires à la vérité, mais enfin onéreux à l'Empire. Celle-ci eſt une ſource perpétuelle des plus grands avantages. Elle forme une pépiniere inépuiſable de citoyens vertueux & d'intrépides vangeurs.

On dit que cette école de Mars doit être placée auprès de l'auguſte azile où d'illuſtres vétérans réunis ſous les auſpices du chef de l'Etat, coulent dans une tranquille abondance les reſtes d'une vie qu'ils ont ſi ſouvent expoſée pour la Patrie. Il me ſemble déja voir ces reſpectables vieillards aller viſiter leurs jeunes ſucceſſeurs : les regarder avec des larmes de joye ; ſe plaire à leur indiquer avec transport les routes de l'honneur, les leur montrer dans leurs travaux & leurs victoires paſſées. Je crois voir les éleves entourer avec amour ces généreux émerites, compter avec reſpect leurs glorieuſes bleſſures, leur envier leurs nobles cicatrices, & ſoupirer après le tems où ils ſeront en état de ſe couvrir des mêmes marques. Je m'imagine entendre les uns & les autres benir à l'envi leur commun protecteur, ſe pénétrer de ſes vertus & de ſes bienfaits, s'exciter mutuellement à la plus vive reconnoiſſance : ceux-ci promettre de conſacrer tous les inſtans du peu de jours qui leur reſtent à implorer les Dieux pour leur magnifique rémunerateur, ceux-là jurer mille fois de verſer juſqu'à la derniere goutte de leur ſang pour le bienfaicteur le plus généreux.

LETTRE XII.

A la même.

JE continue a me familiariser avec le Théâtre Attique. Je viens de finir quelques tragédies modernes ou l'on rappelle les terribles révolutions qui ont agité l'Empire de la nouvelle Troye ; ce Sénat fameux qui décidoit du sort des plus grands souverains, & qu'un étranger appelloit un conseil de Rois ; ces hommes immortels dont le génie & la valeur feront l'objet de l'admiration de tous les âges. Je m'attendois avec un plaisir impatient à les voir se montrer sur la Scene, sous ces traits nobles dont les a peints l'histoire. Quelle a été ma surprise de trouver ces demi-dieux changés en des discoureurs sans force & sans prudence : cette assemblée auguste devenue un tas d'esprits étroits, & d'ames foibles ! Il

Il ſemble même qu'on ſe ſoit fait une étude de rendre mépriſables les deux hommes qui ont peut-être jamais fait le plus d'honneur à l'humanité.

Avec quel plaiſir, ma chere Phila, n'admirions-nous pas l'illuſtre orateur qui déconcerta les complots d'Iphitas ! Sans parler de cette foule de talens qui éclaterent dans le cours de ſon immortelle vie, quelle vigilance, quelle adreſſe, quel déſintéreſſement, quelle force ne montrat-il point dans cette circonſtance particuliere ! l'Empire lui dut ſon ſalut, & cet aveu qu'en fit un Général célèbre, eſt confirmé par un hiſtorien ſon ennemi.

Mais en même tems pouvions nous refuſer nos reſpects au généreux partiſan de la liberté dont les vertus ont été l'objet de tant d'éloges, même dans les tems où la tirannie triomphoit ! Nous remarquions qu'une plume vendue à Julus, égaloit le génie de ces deux rivaux. Eh que ne dit point un pareil éloge! voilà cependant les perſonnages que l'on repreſente, l'un comme un chef timide & borné, l'autre comme un Sénateur féroce dont l'eſprit eſt reſſerré dans d'étroites limites.

Il ſemble que les auteurs tragiques aient fait une conjuration contre l'antiquité. Je liſois dernierement un Drame de cette eſpèce où l'on traduit comme un tyran borné, & naturellement cruel, un Prince habile qui cimenta à la vérité ſon trône de ſang ; mais qui par un règne divin montra que la politique lui avoit arraché des crimes que ſon cœur déſavouoit ; lui qui ſembla n'avoir enchaîné l'Univers que pour le rendre éclairé & heureux.

Ces traveſtiſſemens qui accuſent peu de jugement vont directement contre le double but de l'art de la ſcène. Le premier eſt d'immortaliser le mérite , & on le dénigre. Le second est de l'inspirer par de grands modèles ; comment le peut-on aprés les voir avilis ? Mais il est permis de faire des changemens dans l'histoire ! oui, aux faits ; & non aux caractères. On leur doit cette justice de ne les rendre jamais qu'avec leurs véritables couleurs.

Si quelqu'un venoit accuser Miltiade de lacheté , Aristide d'injustice ou ton illustre pere d'inhumanité, on seroit indigné. Mais Cyrus & Nestor cessent-ils d'être respectables parcequ'ils sont plus éloignés? Les héros sont-ils donc étrangers dans aucun âge ? la vertu rend les Grands - hommes comtemporains de tous les Siécles; & tous les Siècles leur doivent également leurs hommages.

LETTRE XIII.

A la même.

TU daignes me consulter. Tu renonces au plaisir de m'instruire : tu préferes celui de me juger. Tu demandes mon sentiment sur ce spectacle inconnu à nos peres, grossier encor à Milet, cultivé depuis longtems à Athènes; Ce spectacle qui fait un si heureux mélange des charmes de la Poësie, du ravissement de musique, de l'enchantement de l'Optique & des graces de la danse.

Un Prince éclairé renoncoit à l'espoir d'amuser un homme qui y étoit insensible. En effet, comment se flatter d'émouvoir une ame qui reste engourdie, tandis que l'art déploye tous ses ressorts, & attaque si vivement & si gracieusement en même tems toutes se puissances!

Tu veux savoir ce que l'on en

pense ici. Sais-tu qu'on fixeroit plutôt les flots de l'Euripe que les sentimens de ce peuple volage ? En général, les dévots l'abhorrent, quelques Philosophes le rejettent comme peu naturel, les frivoles en font leur occupation, les sages le trouvent un amusement charmant.

J'ai entendu des hommes estimables se plaindre qu'il ne roulat que sur l'amour. Pourquoi, disoient-ils, amollir ce Spectacle, & en faire l'éternel triomphe des voluptés & des fables ? Pourquoi ne le pas élever à ces grands sujets, à ces exemples de vertu que nous fournit le vaste champ de l'histoire ?

Tu n'ignore pas, ma chère Phila, combien je chéris tout ce qui tend à inspirer des mœurs. Cependant loin de donner à ce Lyrique plus de sérieux, il me semble qu'il faudroit encore le rendre plus frivole. Ecoute les raisons de ce paradoxe.

Tous les genres ont leurs limites.

Uranie ne doit point orner son compas des fleurs de Polymnie. Il seroit ridicule de mêler le badinage de l'Idylle avec la Majesté de la Tragédie. Il ne le seroit pas moins de porter dans l'Eglogue les sons sublimes de Melpomene. Or le genre dont il s'agit me paroît uniquement destiné à peindre les plaisirs. La Musique ne le quitte jamais. La Danse l'accompagne presque toujours. Crois-tu que ces deux Arts aimables s'allient aisément aux sombres objets du cothurne ? Le Sang froid de la politique, le terrible des conjurations, l'horreur des réflexions profondes ne sont point propres à être mis en chant, ou marqués par des danses. La Nature nous a donné ces talens pour exprimer notre joye. On n'orne point sa voix de brillantes modulations quand on est dans la tristesse. On ne remue point ses pieds en cadence, dans le désespoir. L'un & l'autre ſont naturels dans les plaiſirs.

L'expérience décide pour mon ſentiment. J'ai aſſiſté à différentes pièces dans ce genre. Aux Tragédies Lyriques, on bailloit en admirant, & on en ſentoit approcher la fin avec plaiſir. Aux ballets médiocres, je voyois le contentement ſur le viſage des ſpectateurs, & je n'en ſortois qu'avec regret.

LETTRE XIV.

A la même.

TU te plains que je ne t'ai rien dit de la figure des Athèniennes. Sais-tu que ce n'eſt pas un petit embarras de démêler une phiſionomie a travers un doigt de cole blanche couverte d'un rouge vif & ſemée de petits morceaux d'étoffe noire ? il faudroit pour les bien connoître les voir avant la toillette, & c'eſt juſtement l'heure réſervée aux maris. Je me ſais bon gré de ma prudente lenteur. Un peu plutôt je t'aurois mandé que toutes les femmes du haut étage naiſſoient avec des joues peintes. Je ſais depuis peu de jours que ces couleurs ſont l'effet de l'art. Quel art ? me diras tu. Admirable, ſans doute, car elles ont apparemment intérêt à avoir un maſque qui confonde leurs traits. Autant que j'en puis juger, ils ne ſont pas réguliers. Leurs yeux ſont vifs & petits. Leur taille eſt ordinairement médiocre & rarement belle. Elles ſe promenent aſſez bien. Je dis, elles ſe promenent, car elles ne marchent jamais. Avec tout cela, on ne peut ſe défendre de les trouver charmantes. Elles ont mille graces qui ſont aimer juſqu'à leurs défauts. Les hommes leur en prêtent beaucoup. Ils les accuſent d'être frivoles: ne trouves tu pas plaiſant que cette nation exige de la gravité ? ils diſent

ſent qu'elles ſont médiſantes : Si c'eſt une qualité propre à notre ſexe dans ce pays-ci ; il faut que tous les hommes que j'ai vûs aient été des femmes déguiſées. Ils prétendent qu'elles ne haiſſent pas le vin de Chio : pour eux, ils ſont plus modeſtes ; ils ſe ſont réduits aux liqueurs. Ils ſe plaignent qu'elles ſe mêlent des ſciences, & ils les renvoyent à leurs fuſeaux. Ils ont raiſon. C'eſt nôtre appanage, comme les grands emplois ſont les leurs ; avec cette différence que nous filons ſurement mieux qu'ils ne gouvernent. Mais qu'ils nous écoutent un moment. Croient-ils les Arts incompatibles avec les ſoins du ménage ? ſi cela eſt, qu'ils y renoncent ; à plus forte raiſon le feront-ils avec leurs graves occupations. Si au contraire ils ne nuiſent point à leurs ſoins importans, pourquoi ſeroient-ils un obſtacle à nos legers travaux ? il eſt vrai qu'il y a de fausses Savantes. Mais leurs faux Savans ne sont à proportion ni moins nombreux, ni moins ridicules; & les applaudissemens dont a récemment retenti leur thétâre pour une comédie partie de la main qui a écrit les Lettres Atlantiques, montrent qu'il est parmi nous des esprits élevés qui s'appliquent aux Lettres avec succès.

On leur fait un reproche dont il est plus difficile de les justifier. On assure qu'elles ne sont point du tout severes. En ce cas il faut qu'elles aient un penchant bien décidé pour l'amour. Il me paroît si aisé de tenir rigueur à des petits maîtres !

LETTRE XV.

A la même.

J'Etois a côté de deux hommes qui se parloient en secret, & que je ne paroissois pas écouter.

Non, disoit le plus âgé des deux, je ne vous crois point. Non, il n'est pas possible que vous l'aimiez encore. Pourquoi ? disoit l'autre ; ne convenez vous pas que Dosithée mérite une immortelle tendresse ? ce n'est pas à moi à faire son éloge. Mais vous même, Seigneur Pélops, vous m'avez vanté mille fois sa figure & son esprit. Vous savez ce que tout Athènes dit de sa sagesse ; & je ne puis vous exprimer combien j'ai à me féliciter de la douceur de son caractère. Je le sçais, disoit l'autre ; Dosithée est accomplie, mais elle est votre femme, & elle l'est depuis un an : après une si longue possession, je vous passe l'estime ; mais ne me parlez pas de votre amour. Il est cependant plus vif que jamais, reprit l'époux. Les plasirs n'ont fait que l'animer, & le tems lui a prêté de nouvelles forces. Quel homme ; disoit notre ennemi en hauſſant les épaules. Quel homme ! prenez garde au moins de ne confier qu'à moi cette maladie, je vous garderai le ſecret en ami. D'honneur, ſi d'autres venoient à la découvrir, vous ſeriez perdu de ridicule. Je n'y pus tenir. Comment, m'écriai-je, Seigneur Pélops, on ſeroit perdu de ridicule parce qu'on aime ſa femme ! c'eſt-à-dire, parce qu'on pratique la vertu la plus douce & la plus eſtimable ! ce ſont de telles idées qui couvrent de ridicule, & de tels conſeils qui deſhonorent ! Seigneur Aſclépias, faites vôtre gloire de votre amour; qu'il éclate aux yeux de tout Athènes. Le vice lui même ſera forcé d'être votre panégyriſte. Que vous êtes heureux de poſſeder un cœur fidèle ! mais vous êtes plus heureux encor d'en payer le prix par le retour du votre ? tu croiras ſans doute que l'amant de ſa femme, & tout notre ſexe partagerent avec moi la vivacité de ſa défenſe ? point du tout. Je m'apperçus qu'Aſclépias quoique charmé de me voir applaudir à ſes ſentimens étoit fâché cependant de les voir connus & je compris que les femmes en ſe rangeant de mon côté par bienſéance n'étoient point éloignées de ſoutenir le ſiſtême contraire. On me faiſoit entendre que les bons procedés ſuffiſoient entre des époux & quand j'exigois un amour qui les ſuivit au tombeau ; quelqu'unes me diſoient que je ſoutenois une belle chimere ; & d'autres m'aſſuroient en ſouriant que je ne plaidois cette cauſe que par plaiſanterie. Je ſortis en cachant aſſez mal mon dépit, & je fus me livrer chez moi à mon étonnement. Quelque tems après on m'annonça un homme de mérite orateur illuſtre dans l'Aréopage. Je lui demandai avec empressement si l'amour conjugal étoit un ridicule à Athènes, il me le confirma, & comme il vit ma surprise: Aspasie, me dit-il, vous venez dans ce pays-ci avec des meubles bien étrangers: les idées de la vérité & de la vertu. Vous avez vû à Milet des époux & des amans constans. La constance est ici un miracle & presqu'un vice. L'Aréopage retentit journellement des causes de divorce; & les aziles de Pallas sont peuplés de femmes qui ont rompu le nœud de l'himen. Vous êtes étonnée? vous ne le serez plus quand vous saurez quels Dieux entraînent les époux à l'autel: Plutus où le Caprice, voilà ce qui unit deux inconnus. Le mariage n'est plus qu'un arrangement de finance, ou la folie d'un amour subit. On ne se connoît point, on s'épouse, on croit ſe convenir parce que les fortunes ſont proportionnées où parceque la figure a plu. Vous ſentez que l'amour ne vient jamais dans les premiers mariages : il ne reſte dans les ſeconds qu'autant de tems qu'il en faut pour ſe connoître. On cache ſes défauts avec ſoin les premiers jours. La contrainte laſſe. Ils percent ; on ſe voit alors des humeurs incompatibles. On ne s'aime plus & bientôt on ſe hait. Heureux encore, ſi la raiſon nous ſert à donner une furface tranquille à un fond orageux ! heureux ſi elle ſauve au public le ſpectacle d'une diviſion puérile ou coupable ! preſque tous les jours on en voit ſe traîner mutuellement a nos tribunaux, s'y charger d'injures réciproques, & ſe diffamer a jamais en déchirant le voile dont l'himen couvre les foibleſſes ou les fureurs de ſes paſſions. De-là naît un nouveau mal. Les enfans ne peuvent plus refpecter des parens qui les flétriffent, ceffent encore de les aimer. L'exemple de la divifion qu'ils ont vû regner dès leur enfance la fait paffer jufqu'à eux. Ils fe défuniffent, fe haiffent, fe déchirent ; & ils forment ainfi d'une famille, une fociété d'ennemis irréconciliables & cruels. On en cite à la vérité quelques-unes plus heureufes. Alcidor marié depuis vingt ans adore toujours Eucharis. Une longue connoiffance avoit précédé leur union. L'eftime l'a commencée, l'amitié l'a refferrée, l'amour l'a achevée, deux luftres l'ont prouvé conftante : trois enfans vertueux & unis l'ont fait délicieufe & immortelle. Partout ailleurs ces époux feroient l'objet des refpects : ici ils n'en font que de nos foupçons bizarres, & de nos fades plaifanteries. Les plus modérés attribuent leur concorde, à un défaut d'esprit, & à un vice de lumiere. Par Hercule, repris-je ; votre nation a des idées bien folles. C'est au contraire la constance qui est le sceau du genie ; & l'infidelité, le caractère d'un esprit étroit. On a beau farder le portrait du volage, la foiblesse de l'ame est le principe de ses variations. On ne s'aime plus, parce qu'en se voyant de près on ne s'estime plus. Le dégout est venu de l'ennui, & celui-ci du peu de ressources que l'on avoit dans l'esprit de part & d'autre. Les lumieres changent les heures en momens ; & faisant succéder sans cesse de nouveaux plaisirs, elles amenent la diversité dans la constance. Je ne suis pas étonnée que vos petits maîtres ne conçoivent point ce bonheur, sont-ils faits pour penser? ce qui me surprend, c'est que des hommes de merite (il y en a tant parmi vous) ne reforment pas les idées de votre nation. Ils n'oseroient l'entreprendre, me dit-il; pourquoi repris-je y a-t-il des peines capitales portées contre les défenseurs de la vertu? il y a plus que cela me repondit-il? Hé quoi donc lui dis-je? la crainte du ridicule: je fis un éclat de rire, & une personne qui entra mit fin à cette dissertation. Que dis-tu, Phila, d'une nation où les plus raisonnables, immolent la vertu à la crainte d'être badiné par un fat.

LETTRE XVI.

A la même.

UN étranger définissoit l'Attique, le pays de la plaisanterie. Il faut l'avouer, disoit-il, il n'y a point de nation qui puisse lui disputer cette gloire. L'isle voisine brille par la sagesse de ses loix, Tyr par l'étendue de son commerce, l'Hespérie par la bonne foi de ſes habitans, l'Italie par les Arts aimables, & l'Attique par la plaiſanterie. On naît ici avec ce talent. Il n'y a perſonne qui ne l'exerce avec quelques graces. vous trouvez dans les converſations des gens les plus bornés, mille traits de ce genre, que vous chercheriez vainement ailleurs. Les peuples les plus ingénieux qui en ont eſſayé la légereté ſont lourds dans cette partie, en comparaiſon de ce peuple riant.

On aime a montrer ſes avantages. Auſſi les Athéniens n'épargnent-ils pas celui-ci. Tout plaiſante : l'Epée plaiſante la Robbe, la Robbe plaiſante l'Epée. L'une& l'autre plaiſantent le Pontife : le Pontife plaiſante dans les temples, en inſtruiſant : l'Orateur plaiſante au Bareau en plaidant : le Juge plaiſante ſur ſon tribunal en jugeant : le Philoſophe plaiſante ſur les vices : le Mathématicien plaiſante ſur les angles : l'Aſtronome plaiſante ſur la nuit : enfin depuis le ſceptre juſqu'à la houlette ; depuis l'Auteur des Lois, juſqu'à celui de L...., il n'eſt point d'Athéniens qui ne faſſent uſage de ce talent aimable. Ils ont raiſon : il eſt ici d'une utilité merveilleuſe. Rien ne lui réſiſte quand il eſt employé avec adreſſe. Mille beautés dont la rigueur n'avoit point été ébranlée par la plus ſéduiſante eſtime, n'ont pû tenir contre un bon mot. Ce Magiſtrat aura refuſé une grace aux motifs les plus touchans ; il l'accorde à une heureuſe saillie. Tel homme n'aura point été perſuadé, par les meilleures preuves, qui l'eſt tout d'un coup par une fine épigramme. Mais c'eſt ſurtout dans les diſputes que triomphe la plaiſanterie. Suivez deux contendans. Ils ne l'épargneront pas quelques graves que ſoient les matieres. Vous pouvez gager à coup sûr que celui qui plaisante le mieux, emportera les suffrages.

Pour moi qui, graces à mon long domicile, connois a fond cette charmante nation, je me suis si bien stilé à plaisanter à propos, & je suis si certain de la puissance de cette science importante qu'il n'y a point d'opinions absurdes que je n'embrasse avec plaisir toujours sûr de briller & de réussir. D'abord je la défend le plus longtems que je peux par des raisons spécieuses. Lorsque je sens qu'elles commencent à me manquer & qu'on me serre de près, je me bats en retraite. Pendant ce tems là, je cherche quelque plaisanterie qui revienne au sujet, & quand je l'ai trouvée je la lance tout d'un coup avec un éclat de rire. Il n'y a point de démonstration qui y tienne. Mon ennemi est renversé sans ressource. Envain en appelle-t-il à la Raiſon ; les ris du cercle décident, & me donnent la palme au moment même où il alloit la ſaiſir.

LETTRE XVII.

A la même.

J'Ai voulu recueillir les vies des Légiſlateurs, & de ces véritables Philoſophes dont la voix a éclairé leurs contemporains, & de qui les immortels ouvrages indiquent encore aujourd'hui les routes de la vérité & de la vertu : les premiers, ſelon moi, de tous les hommes & tout autrement reſpectables que ces Conquérans dont le vulgaire fait ſes idoles.

Je croiois retrouver leurs ames ſublimes dans leurs hiſtoires. Quel a été mon étonnement de n'y voir qu'un ramas d'actions indignes d'eux, de ſentences uſées ou de froides plaiſanteries ?

Ne cherchons point d'autre cause de ce travestissement que la foiblesse de leurs historiens.

Les Génies ont des momens où ils sont de niveau avec les esprits : Quelquefois même les efforts prodigieux que leurs ames ont faits pour atteindre au sublime, les fatiguent, les affoiblissent, & les mettent pour quelque tems au dessous des ames communes. C'est un épuisement qui demande du repos pour réparer les forces. On doit savoir jetter les ombres sur ce qui leur est échappé dans ces instans malheureux, & ne faire sortir que ce qui caractérise ces momens où il semble que la divinité les éclairoit de toutes ses lumieres. La vie d'un sage n'est pas la vie d'un homme, mais la vie d'un homme supérieur aux autres. Pour exécuter ce plan il faut être en état de suivre leurs pensées, de pénétrer leurs princi-

LETTRE XVIII.

A la même

FElicite moi, ma chere Phila ; j'ai trouvé un ſage. Je dinois aujourd'hui dans une maiſon peu éloignée de la mienne. La maîtreſſe du logis eſt une femme d'un eſprit ſolide qui voit les Grands par état, & les hommes éclairés par gout. Son mari eſt un honnête homme, de ces honnêtes gens qui ne ſont rien de plus. Le repas étoit ſomptueux & délicat, l'aſſemblée nombreuſe & brillante. La converſation n'a point langui. On a narré : on a médit : on a parlé chevaux, meute, équipage : on a folâtré ; on a joué la tendreſſe. J'appercevois même aſſez près de moi une jeune demoiſelle qui m'envoyoit les douceurs d'un ſot qui m'ennuyoit. Entre pluſieurs jeunes ſeigneurs qui étoient de la fête, il y en avoit un qui ſe diſtinguoit beaucoup à une taille avantageuſe, des traits reguliers, un air noble, il joignoit une imagination vive, gratieuſe & ſoutenue de l'expreſſion la plus naturellement brillante. Il charmoit tout le monde ; & quelques coups d'œil qu'il lançoit de tems en tems ſur moi, me faiſoient voir que je n'étois pas celle à qui il vouloit plaire le moins. Je t'avoue que je ne pouvois m'empêcher de m'applaudir de cette conquête. Tandis que j'en étois occupée ; tout d'un coup eſt entré un vieillard dont la vue m'a frappée. Je trouvois dans toute ſa perſonne quelque choſe qui m'iſpiroit de la vénération. Sa phiſionomie étoit ingénieuſe, ſes manieres ſimples, ſon abord plein de douceur ; & ſa contenance quoique grave n'avoit rien que de gracieux. Non, Phila, ſi la vertu vouloit paroître ſur la terre, elle n'empes, de s'élever avec eux au dessus de la sphere des humains. Mais des Ecrivains foibles, bornés, incapables par conséquent de les appercevoir dans leurs vols, ont été obligés pour les peindre de les saisir dans les tems où ils rampoient. Par-là ils ne nous ont fait voir que leurs foiblesses, la seule chose qui se trouvoit à leur portée. A peu près comme un homme timide qui voulant tracer le terrible Hector, n'iroit rapporter que le dernier combat où il fuit devant Achille.

C'est apparemment cette considération qui a porté un auteur moderne a ne chercher la vie du Législateur de la Perse que dans son imagination. Il a cru sans doute qu'il valoit mieux prêter aux Grands-hommes des traits vraisemblables qui leur font honneur que de les présenter sous des traits réels qui les avilissent.

LETTRE

prunteroit point d'autres traits. Ses habits propres & rien moins que fastueux n'annonçoient point un état opulent. Notre hôte l'a reçu avec beaucoup de respect. Mais j'ai remarqué que nos jeunes gens le regardoient avec mépris ; quand on s'est levé de table ils se sont attroupés ; & un moment après ils se sont approchés de lui. Je voyois bien qu'il s'étoit formé une conjuration contre son repos. En effet celui qui m'avoit tant prévenu en sa faveur a commencé à le railler avec beaucoup de finesse, & en même tems beaucoup d'inhumanité. Le maître du logis souffroit, & j'ai compris qu'il n'osoit faire éclater son ressentiment par considération pour ce Seigneur qu'on m'a dit être un des premiers de la ville. Pour moi, je n'y aurois pû tenir, si je ne m'étois apperçue que l'offensé ne montroit pas la plus légere émotion, malgré tous les traits dont on vouloit l'accabler. On eut dit à sa tranquillité qu'il s'agissoit d'un autre. Je sentois que le jeune homme avoit trop d'esprit pour n'être pas plus piqué de cette tacite froideur que de tout ce qu'on auroit pû lui répondre, l'évenement a justifié mon idée. Mon discoureur s'est déconcerté, & un moment après s'est arrêté tout confus. On prend cet instant pour détourner la conversation ; le vieillard la saisit sans affectation, & la fait tomber sur Aristide ; il parle de ses actions immortelles dans le gouvernement de la République. Il rappelle sa justice, son désintéressement, il amene adroitement la pauvreté de ce grand homme, il montre qu'elle avoit été mille fois plus respectable que l'opulence de ses rivaux. Il prend de là occasion de déveloper ces grands principes d'humanité qui nous font une loi de plaindre les criminels malheureux. Il fait sentir combien à plus forte raiſon l'infortune mérite des égards quand elle eſt unie à l'innocence, & par conſéquent quel reſpect exigent les diſgraces qui n'ont d'autre cauſe que la vertu. Enſuite il peint avec une force que je ne puis te rendre, qu'elle eſt la petiteſſe de meſurer l'eſtime à l'éclat des habits, & qu'elle baſſeſſe accuſe un homme qui en inſulte un autre, préciſement parcequ'il lui paroît moins heureux. J'étois ravie, nos étourdis anéantis, le railleur dans un état affreux. Il avoit d'abord voulu faire bonne contenance. Elle l'avoit bientôt abandonné, il rougiſſoit : ſa vue ſembloit attachée au plancher. Il reſtoit dans un morne ſilence. Quelques larmes couloient de tems en tems de ſes yeux. Enfin il ſe leve avec prcéipitation ; & allant vers le vieillard : Anaxagore, lui diſoit-il, ceſſez de m'accabler. Ne m'enfoncez pas le poignard dans le ſein. Je ſens toute ma faute ; & ſi ma vive douleur, ſi ma vénération pour vous peuvent la réparer, recevez-en les plus ſinceres aſſurances. Seigneur Périclés, a repris Anaxagore en l'embraſſant, pardonnez vous même ma liberté. Si je n'euſſe pas fait de vous un cas infini, je n'aurois eu garde de relever des traits qui ne me touchent point ; Mais je n'ai pû voir ſans douleur qu'avec des talens qui doivent vous faire adorer, vous vous confondiés avec des ames mépriſables qui ne ſont point deſtinées à penſer. Hé-bien, s'écrioit le jeune homme, mon pere, daignez devenir mon maître, daignez m'accepter pour votre diſciple. Je ne veux ſuivre déſormais que vos loix.

Je ſuis ſortie alors pour cacher mes pleurs, & j'ai laiſſé dans le même état tous ceux qui étoient encore un peu touchés de la vertu.

LETTRE XIX.

A la même.

Tu es ſans doute curieuſe de connoître les deux acteurs de la ſcène que je mis ſous tes yeux dans ma derniere lettre. Mon impatience me fit faire tant de diligence, que dès le lendemain je ſçus tout ce que je voulois.

Périclés eſt le fils du chef de l'Aréopage. Quoiqu'il n'ait pas encore rempli ſa cinquiéme Olimpiade, ſes talens le font déja l'ornement d'Athènes : les plus grands Magiſtrats le regardent comme leur ſucceſſeur, & toute la ville comme ſon futur appui.

Pour Anaxagore, je t'envoie un extrait de ſa vie que j'ai fait d'après un gros ouvrage compoſé par un de ſes amis, dèslors homme croyable. Je ſerai inceſſament en état de t'inſtruire de la doctrine de ce

Philoſophe. Je viens de lui écrire, pour faire connoiſſance avec lui. C'eſt peut-être un peu bruſquer les choſes. Qu'en penſe-tu ? Mais il me ſemble que ce n'eſt point avec de tels hommes que les cérémonies ſont néceſſaires.

VIE D'ANAXAGORE.

ANaxagore eſt né à Lampſaque d'une famille diſtinguée dans la Ville. Une ſanté foible ne lui permettant pas de ſceller de ſon ſang, ſon zèle pour ſa Patrie, il réſolut de lui conſacrer ſes talens & ſes travaux : il ſentit qu'avant de prétendre à l'ingrat honneur d'éclairer les autres, il falloit travailler long-tems à s'éclairer ſoi-même. Cette idée & ſon penchant le déciderent de bonne heure pour la Philoſophie. Il étudia, il conſulta, il lut : Mais il ſe lut, ſe conſulta, s'étudia encore plus lui-même. Il étoit perſuadé qu'une vérité qu'on acquiert

acquiert par ſes propres réflexions, formoit plus l'eſprit que dix conçues par le ſecours des autres. Surtout il ſe méfioit des ſentimens qu'il tenoit de l'éducation. Dès l'âge le plus tendre, il s'étoit fait une regle dont il ne ſe départit jamais : c'étoit de ſoumettre toutes ſes idées a un examen rigoureux, & de regarder comme vraies uniquement celles que l'évidence lui montroit telles.

Quelques Philoſophes de ſon temps négligoient les agrémens du ſtile. Anaxagore s'appliqua toujours à les acquérir. Tous les beaux Arts lui étoient chers. Les plus frivoles mêmes lui paroiſſoient intéreſſans, quand il pouvoit les faire ſervir à orner la vertu. Il diſoit en riant que pour faire aller les hommes aux autels de la ſageſſe ; il falloit mettre les graces à l'entrée de ſon Temple.

La famille d'Anaxagore l'avoit

destiné aux mistéres de la bonne Déesse. Après s'être éprouvé longtemps il crut n'être point propre au genre de vie qu'exigeoit ce culte; & dès lors sa délicatesse ne lui permit plus de s'y dévouer. En vain sa naissance & l'estime publique l'appelloient aux plus éminentes dignités; il les refusa toujours, constant à préferer la voix de la probité au cri de l'intérêt. Un petit nombre applaudità sa générosité, la plûpart la blâmerent. Il reçut de ceux-ci mille outrages qui ne servirent qu'à faire voir combien la vertu a de constance, quand elle est soutenue d'une forte raison.

Il goutoit le bonheur dans une douce obscurité. Libre des soins de l'ambition, débarassé du tumulte du monde, connus seulement de quelques amis. Il cherchoit sa consolation dans l'étude : il y trouva les plaisirs. Les sciences occupoient les premieres heures de ses jours.

Les lettres leur ſuccédoient. Un repas frugal & la ſocieté d'un ſage varioient ſon loiſir. Enſuite il alloit jouir des agrémens d'une campagne riante. Il revenoit tracer ſur le papier ou des réflexions profondes ou des Poëſies légeres. Sur le ſoir la morale le ramenoit à lui-même ; juſqu'à ce qu'un ſommeil paiſible le délaſſat de ſes travaux littéraires & le préparat à de nouveaux.

L'envie ne lui laiſſa pas jouir longtemps de ce ſtudieux repos. On fit le procès à ſon obſcurité. On traita ſes études d'oiſiveté, & ſa modération de foibleſſe. On peignit ſon obſcurité comme dangereuſe ; les orages gronderent de toutes parts ſur la tête du Philoſophe. Il fuit alors de ſa patrie ; & parcourut les Villes célebres de la Grece ; & dans toutes il acquit, il donna des lumieres. Enfin il s'arrêta à Argos.

Argos eſt le ſéjour d'un Monarque puiſſant. Sa Cour eſt brillante, ſes gardes innombrables, ſon Palais magnifique & immenſe, ſes jardins la merveille de l'Univers. Un vaſte & riche Empire obéit à ſes loix, un peuple prodigieux rampe à ſes pieds; des armées victorieuſes volent à ſes ordres pour défendre ſes ſujets ou pour accabler ſes rivaux.

Un Prince à la fleur de ſon âge y regnoit alors. Son cœur étoit humain, ſon eſprit ſolide. Le bonheur de ſon peuple faiſoit toute ſon occupation, & les lettres ſes plus chers plaiſirs.

Les lettres avoient auprès de ce Monarque un généreux protecteur. Ce Seigneur enfant de cent Rois, & qui portoit dans ſon ame toute la nobleſſe de ſon ſang, connut Anaxagore, le protégea & l'approcha du trône. Anaxagore paſſa tout d'un coup de l'obſcurité au plus grand éclat. Les honneurs le chercherent, & les dignités unies aux richeſſes lui attirerent un reſpect que l'on avoit refuſé a ſa vertu. Lui ſeul ne changea point. Auſſi ſimple dans un Palais qu'il l'avoit été dans ſa retraite, auſſi frugal, auſſi modéré, dans les honneurs qu'il l'avoit été dans l'infortune, il ne laiſſoit appercevoir la révolution de ſon ſort que par les bienfaits dont il combloit l'innocence malheureuſe. Cette conduite enchantoit le Prince. Il chériſſoit de plus en plus le Philoſophe. Il l'appelloit ſouvent auprès de lui. Souvent il s'entretenoit familierement. Il ne dédaignoit point de l'interroger ſur les ſciences. Quelquefois il vouloit bien le conſulter ſur le grand Art de régner.

Grand Roi, lui diſoit Anaxagore, ſi vous voulez régner avec gloire, il faut regner avec juſtice ; & pour cela, vous former des idées vraies du rang que vous occupez. Les flateurs, cette peſte publique qui aſſiége le trône, ne manque pas de préſenter à vos pareils, les hommes qui leur ſont ſoumis, comme deſtinés par la nature à être leurs eſclaves. Cette erreur fait naître l'orgueil & la dureté, double ſource de tous les malheurs du ſouverain & des ſujets. La nature ne connois point ces diſtinctions affligeantes; elle fait tous les hommes égaux; & cette ſupériorité qui vous ſoumet nos jours, n'eſt point ſon ouvrage. C'eſt l'effet d'un conſentement tacite & libre d'un peuple qui vous confie une autorité dont il étoit ordinairement le maître: mais cette autorité, il ne vous la confie qu'à condition que vous la conſacrerez à ſon bonheur. Ces reſpects qu'il vous donne; cet éclat dont il vous environne, ces tréſors qu'il forme ſouvent de ſon néceſſaire; tout cela eſt le prix des ſoins que vous prenez pour le rendre heureux. Si vous n'y travaillez pas, toute cette pompe cesseroit de vous être due ; vous n'en seriez que l'injuste usurpateur. Elle vous appartient, parceque vous remplissez les devoirs qu'elles vous impose.

Ces devoirs consistent à procurer aux sujets, la défense, la justice, l'abondance & la gloire.

Pour défendre votre peuple, vous avez besoin de troupes courageuses & disciplinées. Le courage est facile à trouver dans la nation que vous commandez. Une discipline exacte est ce qui manque le plus à ses troupes. Vous avez un moyen sûr pour la donner : augmentez la subordination dans les grades militaires, sans cependant avilir l'inférieur. Appliquez-vous encore à exciter l'émulation par les récompenses. Dans cette vûe donnez moins à la naissance, & plus aux services. Est-il raisonnable qu'un jeune Seigneur sortant des Gymnases, plongé dans l'ivresse de ses passions, commande un corps nombreux composé de guerriers, blanchis sous les les armes & vieillis dans la fatigue & dans les dangers ; dont les cicatrices sont autant de caractères qui tracent leur expérience & leur valeur. Il est juste que la haute noblesse ait les premieres places. Mais il faut à cette loi des exceptions plus marquées & plus fréquentes.

L'administration de la justice paroissoit à Anaxagore l'objet indispensable de la continuelle vigilance du Prince. Il croyoit qu'il étoit nécessaire pour bien remplir cette partie, d'avoir des loix sages & des Magistrats judicieux. Il vouloit ses loix claires, concises & uniformes. Il ne cessoit de se récrier contre cette tolérance de mille coutumes différentes, la source des chicanes où s'envoloppe éternellement la mauvaise foi. Pour les Juges il auroit voulu qu'on choisit les premiers d'entre eux, parmis les Orateurs les plus distingués par le génie le travail & l'intégrité. Il regardoit cette voye comme l'unique pour faire fleurir l'éloquence & la justice.

La Religion lui paroissoit entrer essentiellement dans la constitution d'un Empire. Il soutenoit que le temps imprimoit le culte dominant dans les esprits ; qu'il lui faisoit jetter partout des racines fortes & profondes ; que tenter de l'arracher, c'étoit secouer le sol entier, & risquer de renverser le trône dans des flots de sang & sur les débris de l'État. Il exigeoit qu'on fit réverer jusqu'aux abus, s'ils étoient indifférens au bien de la societé. Pour ceux qui étoient contraires à son repos & à son bonheur, il falloit les retrancher : mais cette difficile opération devoit être l'ouvrage du temps, d'un ciseau fin, & d'une main délicate.

Un peuple ne pouvoit jouir d'une constante abondance, que par le commerce & les Arts. Le commerce & Arts devoient donc être chers au Prince. Les plus vils même ne devoient pas lui être indifférens, parce qu'ils étoient un moyen facile d'enrichir les Citoyens, en échangeant leur industrie avec l'or des étrangers. Ainsi il falloit donner tous ses soins pour exciter l'émulation des Artisans; & pour cela, accorder aux plus abjects des avantages qui leur procurassent une vie douce : aux autres, des distinctions qui la leur rendissent plus honorable.

Le préjugé qui interdit à la Noblesse l'exercice de ces Arts & même du commerce, ce préjugé l'objet de tant de censures, paroissoit avantageux au yeux du Philosophe. Il regardoit comme un bonheur, qu'il y eut un corps séparé de tous les autres, qu'une fierté, peut-être frivole, au moins heureuse dans ses conséquences, engageat à se dévouer sans partage, au redoutable emploi de consacrer son sang à la défense des corps qu'il méprise. Cependant si le commerce actuel pouvoit utilement demeurer incompatible avec la noblesse, il devoit nécessairement y conduire, toutes les fois qu'il étoit exercé avec probité, avec génie, & avec succès.

On proposoit dans le conseil du Prince d'abolir entierement le luxe. » Qu'on s'en garde bien s'écrioit » Anaxagore ; le luxe modéré est le » souffle moteur qui fait circuler le » sang de l'état. C'est lui qui arra- » che au riche fainéant & avare les » trésors que l'humanité ne lui ra- » viroit point, & qui les fait couler » dans le sein de l'industrie malheu- » reuse. » Mais il convenoit qu'il étoit bon de le reprimer, que, quand il est excessif, il devient meurtrier, parceque faisant aux hommes des nécessités, du plus frivole superflu ; il éloigne de l'himen une foule de Citoyens qui avec des ressources suffisantes pour les besoins réels, ont trop peu de fortune pour les imaginaires.

La gloire des armes n'étoit pas la seul nécessaire à un Empire : il lui falloit encore la gloire du génie & celle-ci naît des sciences & des beaux-arts. Sans elle il rejaillit toujours sur un peuple une réputation de grossiereté qui le confond avec les nations barbares ; d'ailleurs les Arts aimables ont des liaisons avec les utiles : ce sont des plantes qui s'aiment, qui sympathisent, qu'on ne voit jamais épanouir avec éclat si on les sépare. Enfin le Prince étant destiné à faire le bonheur de ses sujets, peut-il négliger ces talens vertueux qui donnent de si douces consolations aux malheureux, des conseils si utiles aux heureux, des plaisirs si purs à tous les humains : mais si l'on vouloit cueillir leurs fleurs, on devoit faire tomber quelquefois du trône une douce rosée sur leur tiges délicates flatter la fierté de ceux qui les cultivent par des égards ; surtout les animer en leur accordant une généreuse liberté l'ame de leur travaux. Contents de les reprimer lorsqu'ils nuisent à la religion, à l'état, ou aux mœurs, il falloit leur permettre toute la hardiesse qui y est indifférente. Il étoit même bon de les aimer assez pour leur pardonner quelques imprudences.

Ainsi Anaxagore, faisoit entendre une voix libre au pied du trône. Le Prince l'écoutoit avec bonté ; & le bonheur de l'Etat qui suivoit les avis du Philosophe augmentoit sa faveur, & sembloit la fixer pour jamais.

Dans ce point d'élévation, Anaxagore devint sensible pour une jeune Argienne. La naissance de Gnidie étoit médiocre. Son pere avoit eu autrefois une fortune, de subits revers l'avoient fait évanouir, & Anaxagore n'avoit connu cette famille que dans la foule des malheureux dont il étoit l'appui. Les graces de Gnidie l'avoient frappé. Ce n'étoit point une beauté ; sa figure avoit même des défauts considérables. Mais ses traits irréguliers, formoient, pris ensemble, un tout enchanteur. Sa taille étoit belle, sa démarche étoit noble ; son front étoit le siége de la candeur ; le feu d'Apollon, & la pudeur de Minerve faisoient dans ses yeux un aimable mélange, Hébé n'auroit point dédaigné son tein. Les graces avoient dessiné sa bouche, & les plaisirs l'avoient orné, son sourire étoit la fléche la plus fine de l'Amour ; & ce Dieu faisoit son trône de sa gorge naissante, lorsque ses cheveux blonds agités par le Zéphire en laissoient entrevoir l'éclat. Un esprit solide & charmant l'auroient fait aimer sans beauté : un caractere excellent, un cœur capable d'attachement, un amour naturel de la vertu l'auroient fait adorer avec la difformité.

Anaxagore qui ſavoit combien l'amour ſéduit en faveur de ces objets, prit toutes les précautions poſſibles pour s'aſſurer de ce qu'il croyoit voir en elle. Il eut le plaiſir d'entendre les témoignages conſpirer avec ſes ſentimens, & ajouter encore à ſes idées. Il ne balança plus ; & prit la réſolution de l'engager à lui par les nœuds de l'himen. Mille partis avantageux à qui la faveur faiſoit rechercher ſon alliance, lui offrirent inutilement le crédit & les richeſſes. Il ne cherchoit que les lumieres & la ſageſſe. Les parens de Gnidie reçurent la demande d'Anaxagore avec des tranſports de joye. Mais Anaxagore ne ſe contentoit pas de leur aveu, il croyoit inſenſé de lier irrévocablement à ſon ſort un cœur qui auroit de la haine :

il en exigeoit même de l'amour. Heureusement Gnidie avoit une raison supérieure à son âge, qui lui faisoit reconnoître & aimer le mérite d'Anaxagore, à travers l'extérieur désagréable qui le voiloit. Alors il ne balança plus, il communiqua son projet au Prince qui l'approuva, à sa famille qui le blama, aux grands qui le raillerent, au peuple qui s'en étonna.

Anaxagore avoit trop de mérite pour être constament heureux, dans le tems qu'il paroissoit le mieux affermi, des intrigues qui éclaterent subitement, mais que l'envie avoit ménagées depuis longtems, l'abbatirent tout d'un coup. Le courroux succéda à la faveur, ses dignités lui furent ravies & la pauvreté reprit la place de l'opulence. Il n'en fut pas même ému. Il avoit dans ses talens l'assurance du nécessaire : il se consoloit aisément de la perte du reste par l'espérance de de posséder Gnidie, il se trompoit. Le pere de Gnidie imita l'inconstance de la fortune, & trahit lâchement les promesses les plus sacrées. Ce coup fut le seul qui frappa sensiblement Anaxagore; il resolut aussitôt de quitter un pays où tout lui retraçant l'objet de sa vertueuse passion nourissoit la douleur de l'avoir perdu; A peine étoit-il à quelques stades d'Argos, il vit accourir vers lui Gnidie. Anaxagore, lui dit-elle, je me suis dérobée au pere injuste qui vouloit m'arracher à vous, non, je ne suis plus à lui; puisqu'il m'a promise. Sa parole a rompu les liens qui me retenoient sous son pouvoir, & m'a fixée à vôtre sort. Dois-je me rendre complice de son infidélité, & la victime de son avare inconstance? oui, Mon cher Anaxagore, je suis à vous: je ne veux vivre qu'avec vous, partout où vous irez, fut-ce dans un déſert, j'y ſuivrai vos traces.

Des larmes de joye couloient en même tems de ſes beaux yeux. Jamais il ne l'avoit trouvée ſi belle. Jamais elle ne lui avoit montré tant d'amour. L'amour n'avoit jamais parlé avec tant de force au cœur d'Anaxagore. Il le fit taire ; & prenant un air ſévere : Quoy ! Gnidie, connoiſſez-vous ſi peu les droits d'un pere ; où avez vous pû penſer que je vous aiderois à les violer ? retournez vers lui ; & implorez à ſes pieds le pardon de vôtre imprudence. Le ciel m'eſt témoin que mon bonheur dépendoit de vous poſſéder. Mais j'aime mieux encore vivre toujours infortuné que de me rendre heureux par un crime. La vertu eſt la ſeule choſe que mon cœur vous prefere, adieu : reſpectez votre pere & oubliez un malheureux. Gnidie eſſeya inutilement de faire changer cèt arrêt. Anaxagore fut touché de ſes larmes , juſqu'à les partager ; mais il demeura ferme. A peine fut-elle partie , O vertu ! S'écria-t'il , qu'il faut que tu aies de charmes , puiſque je te fais un ſacrifice ſi rigoureux.

Il reprit le chemin d'Athènes , & y arriva le jour même , précédé par ſa réputation. On le reçut avec tous les honneurs que ce peuple léger donne d'abord au mérite. Il ouvrit une école de philoſophie: on y accourut en foule & l'on fut également charmé des agrémens du ſtile, & de la ſolidité des préceptes. La ville entiere eſt éclairée par ſes ſoins , & ceux qui font aujourd'hui la gloire de l'Etat conviennent qu'ils ne doivent pas moins aux inſtructions de ce ſage qu'aux dons de la nature.

Il y avoit déja trois ans qu'il vivoit dans cette occupation , lorſque Gnidie parut à Athènes. De retour à Argos , elle avoit appris à ſon pere la générosité de ſon amant, il y avoit été inſenſible, & l'avoit voulu contraindre à épouſer un jeune Seigneur qui en étoit éperdument amoureux. Gnidie avoit reſiſté conſtamment, ſon pere irrité l'avoit forçée a entrer dans un azile de Pallas ; & à ſe consacrer aux autels de cette Déeſſe. Là ornée de bandelettes ſacrées arroſées de ſes larmes, elle s'étoit liée par des vœux que ſon cœur avoit démentis. Trois ans s'étoient écoulés dans cet état. Ses compagnes cependant ne s'étoient point apperçues de ſa douleur. Sa douceur faiſoit leur bonheur ; ſa conduite étoit leur modele. Mais ſon pere étant mort elle fuit de l'azile & vint à Athènes où la réputation de ſon amant lui fit bientôt découvrir ſa demeure ; elle y courut, & ſe preſenta ſubitement à lui. Auſſi-tôt qu'il la vit : Gnidie, lui dit-il, vois-je encore une fille fugitive, & rebelle? Non, lui cria-t'elle, non Anaxagore ; ta vertu n'a rien à redouter des droits de la nature. Les destins m'ont ravi le pere rigoureux qui s'opposoit à mon bonheur. Mais un autre obstacle ne t'arrêtera-t-il point? Parle Anaxagore; ta barbare délicatesse me fera-t-elle un crime d'avoir brisé des liens affreux, formés malgré moi ? Rejetteras-tu une infortunée, qui viole d'horribles sermens que sa bouche a prononcés, que son cœur détestera toujours? J'en jure la Déesse a qui je me suis consacrée : elle lit dans ce cœur. Elle le sait ; dans le tems que ma voix m'attachoit à elle tous mes vœux étoient à toi, tous mes sens me fixoient à toi. L'amour seul me parloit : il ne me parloit que de toi. C'est lui qui a forgé, c'est lui qui a soutenu ma chaîne. C'est lui qui vient de m'inspirer de la briser.

Serai-je coupable d'avoir entendu ſa voix. Prononce, cher Anaxagore, fixe mon ſort, j'attends de toi ou la mort ou la vie. Ah, Gnidie, s'écria le ſage, qu'il m'eſt doux de vous embraſſer dans cet inſtant où rien ne s'oppoſe à nôtre amour. Je ſuis bien éloigné de reſpecter des nœuds démentis par la nature : je ne connois point les ſermens qu'elle déſavoue. Hâtons nous d'en former de plus ſaints. Qu'ils ſoient garants de nôtre union : ils le ſeront de ma félicité.

Ils s'engagerent auſſitôt ſous les loix de l'himen, & depuis ce moment, la ſageſſe & les plaiſirs ont tiſſu leurs jours.

L'envie à répandu longtems ſes nuages ſur ce ſage. Enfin elle a été deſarmée. Les grands l'aiment; les Philoſophes le reſpectent, les Riches lui offrent leur tréſors. Anaxagore ſenſible à leur eſtime, leur ſait gré de leurs offres & ne les accepte pas. Content dans sa médiocrité, satisfait sans fortune, heureux par lui-même ; à la place des hommages corrompus que l'intérêt vend à l'opulence, il jouit de cette vénération pure que la Raison donne à la solide vertu.

LETTRE XX.

Aspasie à Anaxagore.

QUE penserez-vous de cette démarche d'une inconnue, illustre Anaxagore ? Je ne vous ai vû qu'un moment, & j'ose déja vous écrire. Il est vrai que j'ai conçu pour vous la plus forte admiration ; mais je sens que ce n'est point une raison pour vous être importune : elle m'est commune avec l'Univers pensant. Voyez cependant si je n'aurois point quelques titres particuliers à vous offrir. J'ai immolé à l'amour des lettres, les douceurs de ma patrie. J'ai dédaigné pour elles les plaiſirs de mon âge ; &, ce qui eſt plus encore, j'ai bravé le ridicule qu'elles jettent ſouvent ſur notre ſexe. Si ces foibles ſacrifices peuvent donner quelque droit aux lumieres des ſavans, vous qui en êtes l'honneur, ne dédaignez pas une nouvelle écoliere. Elle vous apportera peu de talens, beaucoup de deſir de s'inſtruire, & uue juſte confiance qu'on ne peut l'être mieux que par le célebre Anaxagore.

LETTRE XXI.

Anaxagore à Aſpaſie.

VOUS ne m'étiez point inconnus, charmante Aſpaſie : votre nom avoit déja paſſé juſqu'à moi. Je ſavois il y a long-temps que Milet poſſédoit une jeune beauté qui, faite pour être l'ornement du monde, préféroit le mérite de l'é-

claïrer

clairer. Je félicite la Philoſophie de cette conquête. Continuez à lui prêter votre ſecours. Nous autres hommes nous ne pouvons l'aider que par de ſombres raiſonnemens qui écartent ſouvent ſes adorateurs. Elle eſt ſure de triompher quand votre ſexe lui prête ſes graces.

Vous voulez être mon écoliere. Cet honneur eut été autrefois dangereux pour ma tranquillité. Aujourd'hui que grace a l'âge, j'ai le funeſte avantage de pouvoir vous admirer ſans crainte ; ſi de longs travaux ont pû me procurer quelques découvertes échappées a vos lumieres, j'irai vous les offrir. Vous m'en payerez avec uſure en les embelliſſant.

LETTRE XXII.

Aſpaſie à Phila.

J'AI eu ce matin la viſite d'Anaxagore. Comme on m'en avoit prévenue, je m'étois bien préparée à le recevoir. Voici à-peu-près le plan que j'avois formé. D'abord je ſentois que je ſerois fort embaraſſée, auſſi je m'étois fait un canevas de tout ce que je devois dire pour me tirer de ce premier pas. Surtout j'avois appris un long compliment que je regardois comme une grande reſſource. Enſuite je devois écouter beaucoup & parler très-peu, encore tremblois-je pour mes monoſillabes. J'en avois pourtant déja arrangé quelques-uns paſſablement précieux ; car je comprenois qu'il n'étoit pas poſſible de parler à ces hommes ſublimes en langue du commun. Ce qui m'inquiétoit le plus, c'étoit comment je pourrois me mêler à des propos si élevés ; que ce ne seroit pas une petite affaire de les entendre, loin de pouvoir y répondre. En tous cas j'avois pris mon parti de me retrancher sur les exclamations & de dire à chaque phrase que c'étoit admirable. Je me stilois depuis vingt-quatre heures à jouer ce beau rôle. Peine perdue ! Ma chere Phila. Aussi-tôt qu'Anaxagore a parû, j'ai, je ne sais comment, oublié mes projets. Tout d'un coup je me suis trouvée à mon aise. Jamais je n'ai tant parlé, jamais je n'ai tant dit de bagatelles. Quelquefois je me demandois si c'étoit bien avec Anaxagore que j'étois. Alors j'avois honte & je m'arrêtois tout court. Il reprenoit la conversation. Il ne disoit qu'un mot, & je me retrouvois aussi babillarde qu'auparavant. Je t'assure que j'étois fort contente de ma personne, & quand il est sorti, je ne croyois pas valoir beaucoup moins que lui. Je trouvois que ces hommes ſi vantés n'étoient pas des gens ſi extraordinaires. Mais que la réflexion l'a vangé avec uſure ; lorſque je me ſuis rappellé avec quel Art il amenoit les ſujets qui m'étoient familiers, il me forçoit à m'y livrer, il me faiſoit en quelque façon briller malgré moi-même ; comment avec peu de mots il me fourniſſoit des occaſions de réflexion, de narration & de badinage ! Je ne pouvois me laſſer d'admirer ſa dextérité pour ſe ployer à toutes les frivolités dont je l'avois accablé. Qu'il faut avoir de génie, (me ſuis-je écriée) pour pénétrer d'un coup d'œil les reſſources de ceux avec qui l'on parle ! Qu'il faut de délicateſſe pour faire naître leur penſées, en leur donnant le plaiſir de croire qu'elles viennent d'eux-mêmes ! Et qu'un grand homme montre d'humanité lorſqu'il ſe ſert de ſa ſupériorité, non pour mortifier l'amour propre des autres ; mais pour en ſatisfaire toute la vivacité en leur laiſſant la douce illuſion qu'ils lui ſont égaux!

LETTRE XXIII.

Aſpaſie à la même.

TU te plaindras peut-être que je te parle toujours d'Anaxagore. Si tu le connoiſſois, tu me reprocherois que je ne t'en parle pas aſſez. Je reviens de chez lui. Il ſemble qu'il ſe reproduit dans tout ce qui l'approche. Sa Gnidie eſt un autre lui-même, c'eſt ſon génie, ſes ſentimens, ſon caractere, ſon cœur bienfaiſant. Elle conſerve encore des reſtes brillans d'une figure qu'on voit aiſément avoir été charmante.

J'ai trouvé chez lui Périclès. Tu ne concevrois jamais combien il a changé depuis le temps qu'il fréquente ce ſage. Il s'eſt dépouillé de cet air affecté & volage qui le gâtoit un peu, & cela ſans rien perdre de ſes graces. Plus de ces tons mépriſans, de ces politeſſes inſultantes, de ces ſouris de complaiſance pour ſoi-même & de dédain pour les autres. La bonté qui lui eſt naturelle, eſt revenue & fait un mélange heureux avec ſes talens. Il ſuit aſſidument ſon nouveau maître. Sa pénétration en développe les préceptes avec une facilité merveilleuſe & ſon heureux caractere les met auſſi-tôt en pratique.

Il m'a demandé la permiſſion de venir chez moi partager mes études. J'ai balancé long-temps; mais enfin j'ai crû que je ne devois pas me priver de l'utilité de réfléchir avec un eſprit tel que le ſien. Je lui ai donc accordé ſa demande; mais j'ai eu ſoin d'y mettre cette condition, que nous ne parlerons que Philoſophie & Littérature.

LETTRE XXIV.

A la même.

IL vient de ſe paſſer ici une ſcène bien triſte. La fille d'un des premiers Citoyens aimoit un jeune homme d'un rang diſproportionné. Son pere lui avoit défendu de le voir & il éclairoit de près toutes ſes démarches. Ses ſoins ont été la dupe de l'ardeur de ces jeunes amans & bientôt des indices cruels ont trahi leurs plaiſirs. Le pere en eſt mort de chagrin. Toute la famille s'eſt liguée contre cette infortunée, & on l'a confinée dans un aſile affreux où elle doit couler dans les larmes, le reſte de ſes malheureux jours. Elle a eu tort ſans doute. On doit ſe conformer aux loix ; mais, Phila, les hommes ſont bien bizarres ; ils condamnent en nous une fragilité qu'ils adorent, qui de leur propre aveu fait leur bonheur.

Ils sont bien injustes ; ils nous punissent d'une faute qu'ils sollicitent, qu'ils partagent, dont ils se font gloire. Ils sont bien barbares ; ils notent une foiblesse de la même infamie que les crimes les plus affreux. On en voit parmi nous, qui par la noirceur de leur cœur sont indignes de vivre & ils les honorent ! tandis qu'ils accablent d'un mépris plus dur que la mort de jeunes beautés dignes par mille vertus de leur hommage ; parce qu'elles ont une fois cedé à la douce invitation de la nature. Ils ont fait les loix, peut-être n'en aurions nous pas dicté de plus sages. Mais sûrement elles n'auroient pas été si cruelles.

LETTRE XXV.

Phila à Aspasie.

NON, ma chere Aspasie, je ne me plaindrai jamais que tu m'entretiennes d'Anaxagore. Je crains bien au contraire que tu ne l'oublies trop tôt & qu'incessamment tu ne te souviennes que de Périclès. Consulte-toi. Tu verras que les graces du disciple te plaisent au moins autant que la sagesse du maître. Tu ne te connois pas. Tu es étrangere dans ton propre cœur. J'y lis mieux que toi-même. Crois-moi, tu as tout à redouter de ce nouveau compagnon de tes études.

Tu est vive, tu es sensible, tu es dans l'âge des desirs, tu as tout ce qu'il faut pour les inspirer : il est jeune, il est aimable, il s'est déja fait estimer, il est adroit, il sera seul avec toi ; que de titres pour lui & contre toi !

Tu te flates que les ſciences occuperont vos momens. Penſes-tu que la nature n'en dérobera pas quelques-uns ? Je veux que ſa bouche ne te parle que Philoſophie. Ses yeux te parleront d'amour ; & tes ſens te tiendront le même langage.

Tu excuſes déja cette paſſion. Tu es indulgente pour ſes fautes. Aſpaſie, ah ! prens garde d'avoir plaidé ta propre cauſe.

LETTRE XXVI.

Aſpaſie à Phila.

JE commence à mettre les momens à profit avec Anaxagore. Il eſt venu ce matin chez moi & ſans perdre de temps en vains propos, je l'ai prié de ne pas différer à m'inſtruire. Il a eu pour moi cette complaiſance & il m'a promis de continuer aſſiduement. Je t'écrirai à meſure tout ce que j'aunes dépend de trop de causes, pour les déterminer toutes ; & ce serait une vaine occupation que de vouloir fixer des cas fortuits, des accidens, dont les principes n'existent pas encore, ou nous sont absolument inconnus. Tout ce que vous pourrez faire, Sophie, lorsque des répugnances, des antipathies imperceptibles avant le mariage, ou nées depuis, viendront à se manifester, ce sera de mettre la prudence en action pour les faire cesser, ou d'y opposer des motifs d'attraits qui les balancent au moins, s'ils ne les détruisent pas.

Le peuple Hébreux appellait *tache* certains défauts corporels que de quelques pas de la triste sphere de l'incertitude.

Il n'y a donc qu'une différence entre le plus grossier & le plus éclairé des mortels : le premier marche avec confiance & s'égare, l'autre ne va qu'avec timidité & n'avance point.

Si les hommes ne s'étoient formé que des erreurs bienfaisantes, il faudroit proscrire un art qui déchireroit ces voiles heureux. Mais ingénieux à se rendre malheureux eux-mêmes ou à tyranniser les autres, ils n'ont cherché dans le mensonge, que des principes inhumains. Ainsi l'on a besoin de cultiver une science qui efface les traits barbares dont le fanatisme a défiguré la nature & qui écarte les funestes conséquences que l'intérêt en a tirés contre notre félicité.

Il est un autre avantage qu'on ne peut trop estimer. Les objets des passions nous rendent souvent malheureux par l'impuiſſance d'y atteindre, ou par le déſeſpoir de nous les voir ravis. La Philoſophie nous apprenant à les mépriſer, nous en fait ſupporter la privation ſans douleur & la perte ſans regret. Heureux effet ; précieux même, quand il n'auroit que l'illuſion pour baze. La plûpart des hommes ſont privés des honneurs qui flatent leur vanité ou des richeſſes qui achétent les plaiſirs tumultueux. Peu de ceux qui les poſſédent, peuvent s'aſſurer d'en jouir ſans crainte d'un revers. Quel bonheur n'eſt-ce donc point pour eux qu'une étude qui les place dans ce point élevé d'où ils voient ſans intérêt briller une trompeuſe ſérénité ou éclater tout à coup d'horribles orages !

LETTRE XXVII.

A la même.

POUR mettre quelqu'ordre dans vos réflexions, figurez-vous un homme sortant des mains de la nature avec une raison formée, & réfléchissant pour la premiere fois.

Les corps étrangers que lui présentent ses sens, leur nombre, leur variété, sur-tout leurs mouvemens & les combinaisons infinies qui en résultent dans une constante harmonie ; voilà quels seront les objets confus de ses naissantes pensées. Les rapports que ces corps ont avec son existence le rappelleront ensuite à lui-même ; & cette machine qu'il anime, cette partie la plus grossiere de son être, sera la premiere qui l'arrêtera. A l'occasion des mouvemens volontaires dont il éprouvera le pouvoir, il remontera au principe d'où ils partent. Alors étonné des pensées qui se succéderont en foule, il cherchera autour de lui quelqu'image de ce qu'il éprouve. Mais n'appercevant rien qui lui paroisse semblable dans la matiere qui l'environne, il jugera qu'il est composé de deux substances tout-à-fait différentes ; & comme il croira sentir une subordination entre elles, il en conclura que l'une est plus noble que l'autre, & que celle-là est faite pour régir la plus vile. Delà, transportant cet exemple au reste del'Univers, il se formera l'idée d'un intelligence de même nature que la sienne, présidant à cette immense collection d'êtres qui s'offrent à ses regards.

Voilà la marche de l'esprit humain qui ne se décide presque jamais que par des comparaisons. Marche peut-être irréguliere, mais qui dans cette occasion le conduit à une sublime vérité.

Il eſt un Dieu, Aſpaſie. Laiſſez des Frénétiques ſecouer un joug aimable que tout leur fait ſentir. Laiſſez-les s'applaudir d'un funeſte ſiſtême. Quand même ils en auroient quelqu'aſſurance, ils devroient gémir d'avoir trouvé une affreuſe lumiere, & nous envier notre bienfaiſante obſcurité. Heureuſement l'exiſtence d'un être ſuprême eſt auſſi fondée qu'elle eſt conſolante. Tout l'Univers éleve ſa voix en ſa faveur, & plus votre ame embraſſera d'objets, plus elle verra d'empreintes de ſa puiſſance.

Mais autant qu'il nous montre ſon exiſtence, autant il nous cache ſa nature. Envain notre raiſon veut-elle porter ſon pâle flambeau ſur les auguſtes ténébres qui l'environnent: il s'y dérobe ſans ceſſe, & laiſſe à peine éclater dans ſes ouvrages quelques foibles veſtiges de ſa grandeur. Ainſi tous nos efforts ſe bornent à raſſembler ce que nous trouvons

vons répandu dans ses productions, pour en faire un composé qui nous en retrace une grossiere ébauche. A-peu-près comme des Sarmates qui voulant se représenter la magnificence de Persépolis, ramasseroient ce qu'ils imagineroient de moins affreux dans leur misérables cabannes, & croiroient retrouver la pompe de ce Palais, dans une vile image si inférieur à son objet.

De-là naissent les peintures de la divinité que tous les hommes définissent de même & dont ils forment cependant des tableaux si divers; parceque les passions tenant le pinceau, jettent sur la toile les couleurs & les traits qu'elles adoptent.

Le sage efface ces derniers, & n'admet que ceux que l'évidence lui découvre ou que sa raison en conclut. Ainsi il dit Dieu immense, parcequ'il apperçoit son action partout : il le dit éternel, parce qu'autrement il faudroit lui donner une progreſſion de cauſes à l'infini, ou lui aſſigner le néant pour principe ; deux reſſources également abſurdes. Mais s'il eſt éternel, il exiſte donc par lui-même, il a donc l'exiſtence la plus parfaite ; & comme il ne l'emprunte que de ſa nature, il faut que ſa nature y ſoit proportionnée, & par conſéquent qu'elle contienne toutes les perfections.

Une des premieres qu'on reconnoiſſe, c'eſt une conſtante perſévérance dans le même état. Et comment Dieu changeroit-il ? ſeroit-ce de perfections ? il les poſſéde eſſentiellement toutes à la fois. Seroit-ce de volontés ? mais cette variation ne pourroit venir que du caprice ou de quelques nouvelles découvertes; ce qui déroge à ſa Majeſté ou à ſes lumieres. Ainſi tout ce qui eſt en lui eſt auſſi permanent que ſon eſſence, auſſi immuable, auſſi ancien que lui-même : ce qui exclut manifeſtement tout acte libre.

En effet on convient que les déterminations divines ne ſont plus libres dans leurs progrès. On avoue encore qu'elles ſont éternelles : mais dès-lors elles ne peuvent plus être libres dans leur origine. Car pour cela, il faudroit que Dieu eut été le maître de ne les pas former ; conſéquemment, qu'il y eut un inſtant où elles euſſent été ſuſceptibles de reſter dans la ſimple poſſibilité ; ce qui exige néceſſairement un point qui ait précédé leur exiſtence. Mais où trouver ce point dans ce qui eſt éternel ?

On donne la liberté à Dieu, ſans conſidérer qu'elle eſt dans les hommes un vice, effet malheureux de leur ignorance, ou de leur indifférence pour le bien.

Mais Dieu qui connoît le bien & qui l'aime naturellement, s'y porte néceſſairement.

Envain fait-on une captieuſe diſtinction entre le bien qui eſt dans lui & celui qui eſt hors de lui. Quelle idée monſtrueuſe nous formerions-nous d'un être qui n'aimeroit que le bien qui le regarderoit immédiatement.

La raiſon que l'on tire du peu de proportion que des productions limitées ont avec un auteur infini, eſt fauſſe ; autrement il faudroit conclure que cette diſtance faiſant évanouir en lui tout intérêt pour ſes créatures, le rend indifférent à nos vertus & à nos crimes.

Enfin toute la mauvaiſe foi ne peut échapper à ceci. On ne refuſera point à Dieu ce que l'on accorderoit à un Citoyen médiocrement vertueux, la bienfaiſance ce ſentiment précieux qui nous porte à faire du bien aux autres. Mais cette vertu dans un dominateur tout-puiſſant, conſiſte toute entiere dans ſon activité. Pourroit-on dire en effet d'un Prince qu'il eſt bienfaiſant, ſi poſſédant des tréſors immenſes, & maître de les diſtribuer, il n'en faiſoit jamais la moindre part à la ſociété. Ses richeſſes ne ſerviroient qu'à montrer ſa barbare inhumanité ! Ainſi, puiſqu'on ne peut conteſter ce titre à l'Être Suprême, & qu'en lui cet attribut eſt infini ; il faut qu'il agiſſe d'une maniere proportionnée, il faut qu'il répande ſes bienfaits ſans nombre ; il faut qu'il déploye tous les tréſors de ſa puiſſance ; & comme il ne le peut que par une création totale, la création totale lui eſt abſolument eſſentielle ; & le monde, ſon effet, eſt néceſſaire comme Dieu même.

Qu'on ne diſe point que le pouvoir créateur eſt épuiſé dans ce ſiſtême ; puiſqu'il ſe renouvelle à chaque inſtant dans toute ſon étendue, par une conſervation perpétuelle.

Qu'on ne dise point que notre reconnoissance est diminuée. Est-ce que la sainteté de Dieu est moins respectable parcequ'elle n'est pas libre? sans doute si une force étrangere l'obligeoit à produire, il ne faudroit plus lui payer l'hommage de nos cœurs. Mais un Etre qui n'est contraint que par lui-même à faire des heureux, que parce que sa nature est essentiellement bienfaisante, un tel pere en doit être mille fois plus vénérable, mille fois plus cher à notre amour.

LETTRE XXVIII.

A la même.

Vous avez vû Aspasie, qu'une notion juste de la Divinité, donne au monde une antiquité qui se perd.... *

* Cette Lettre a paru trop difficile à rendre en françois.

LETTRE XXIX.

A la même

IL eſt une autre erreur que font naître les ſens, & que l'amour propre adopte avec complaiſance. Lorſque nous jettons les yeux ſur les corps qui nous environnent, il nous préſentent la terre, comme occupant un vaſte eſpace ſous cette voute que nous admirons ; & formant la partie la plus conſidérable de ce monde qui nous renferme. Ils nous la montrent placée au centre de l'univers ; le Soleil tournant autour d'elle, & ne diſtribuant que pour elle ſa lumiere, ſa chaleur : les Planettes deſtinées, ſervilement à ſes beſoins ; & les Aſtres les plus éloignés, uniquement faits pour ſervir de ſpectacle à ſes habitans. Comme parmi ceux-ci nous tenons le premier rang, nous nous flatons d'avoir l'empire de la nature : nous nous felicitons d'en tenir le ſceptre, unique but de ſes ouvrages, unique objets de ſes complaiſances.

La Philoſophie humilie bien ſes idées : elle tire le fatal rideau, & nous préſente un monde tout différent.

Notre ſéjour devient une de ſes plus viles parties. Le Soleil infiniment gros, tient le centre d'une Sphere, dont il n'eſt lui même qu'un point. Ce globe de feu, fixe dans le même lieu, tournant ſur lui même avec une rapidité inconcevable, lance de tous côtés ſes flammes juſqu'aux limites du cercle immenſe qu'il éclaire. Six terres volent ſans ceſſe autour de ce foyer, d'où partent la vie, & la lumiere ; ſix terres dont la nôtre eſt une des plus petites, ſolides comme elle, habitées comme elle, par des Etres penſans, peut-être plus éclairés que nous ; toutes placées à à des diſtances prodigieuſes, la plûpart traînant avec elles d'autres globes qui leur ſont ſemblables : maſſes énormes ! Quand on meſure leur grandeur aux objets que nous touchons : atomes inſenſibles! Quand on les compare aux vaſtes déſerts dont la circonférence les renferme.

Vous êtes étonnée, Aſpaſie, vous ne voyez encore qu'un coin de cet Univers. Cette Sphère dont les limites fuient ſi loin de vos idées, cette Sphère ſi prodigieuſe, s'évanouit, devient une étendue imperceptible, un eſpace ſans proportion, ſemblable à ces cercles qu'une arêne en tombant forme dans le ſein de l'Océan, des mondes nouveaux s'offrent en foule à vos regards. Les Etoiles que vous voyez ſont autant de nouveaux Soleils, centres de nouvelles Sphères, flambeaux qui éclairent des terres nouvelles, foyers qui animent de nouveaux habitans. Cependant cette multitude d'Aſtres qui vous ravit hors de vous, n'eſt rien elle même en comparaiſon de ce qui ſe dérobe à vos yeux.

Vous demanderez ſans doute quels ſont les reſſorts qui font mouvoir cette machine infinie. Un ſeul ſuffit à la nature : une tendance mutuelle qui reſide dans toutes les parties de la matiere, fixe les Soleils dans leurs centres, retient les Planettes dans leurs Orbes, dirige leurs conſtantes révolutions ; & pénétrant les corps, fait naître par leur action réciproque les combinaiſons infinies d'où reſultent les Phénomenes divers qui épuiſent les poſſibilités des Etres.

Ainſi tout eſt rempli par une gradation inſenſible, ainſi tout eſt uni par une chaîne qui ſe dérobe à notre vue : ainſi reſulte un ordre parfait ſelon des lois invariables comme Dieu même ; parceque l'exiſtence de l'aſtre le plus éloigné étant liée avec la diſpoſition de l'atome qui nous touche ; le plus léger changement dans la tendance de celui-ci entraîneroit la ruine de l'Univers.

Je vous vois impatiente de connoître ce principe merveilleux. Aſpaſie, nous en démontrons l'exiſtence ; nous en dévoilons les effets, nous en calculons les forces ; nous touchons tous ſes environs & nous ne l'atteignons jamais lui-même. A peine ſe prête-t'il à de foibles conjectures, également inconnu, ſoit que ce ſoit une vertu attractive reſidante dans les corps; vertu dont nous ne concevons point l'eſſence : ſoit que ce ſoit une matière plus déliée qui parte des centres, & agiſſe d'une maniere dont nous n'avons point de modeles : ſoit enfin que ce ſoit la

Divinité elle même repandue dans ſes ouvrages, infuſe dans toute la nature.

Un genie élevé dans un ſiècle peu éclairé ſur la Phiſique, refléchît beaucoup, trouva peu; & ne voulant pas avouer l'inutilité de ſes travaux, il plaça partout des cauſes occultes dont il ne montroit aucunes propriétés. Il definit tout & n'expliqua rien.

Un autre venu long-temps après, peut être ſupérieur, au moins né dans un âge plus heureux, dédaignant l'obſcurité de ſon prédéceſſeur crut pouvoir trouver dans une forte imagination, l'arrangement de l'univers. Il forma un plan brillant où l'univers n'offre pas plus de difficulté que la machine d'un artiſan induſtrieux : mais comme ſon arrangement n'étoit point le véritable, il expliqua tout, & n'éclaircit rien.

Enfin un troiſiéme a paru de

nos jours, qui après avoir détruit le monde imaginaire du second, a cherché le réel. Celui-ci ne marchant jamais qu'avec le flambeau de l'expérience, avançant de découvertes en découvertes, a éclairci tout en ramenant les principes ténébreux du premier. Ainsi, (ce qui arrive souvent) a force de lumieres, on est revenu au point d'où étoit partie l'ignorance.

LETTRE XXX.

Aspasie à Phila.

J'AI perdu Anaxagore, ma chere Phila. Un Archonte nous l'a enlevé pour le mener à la Campagne où il doit rester plusieurs mois. Je ne m'en console que par le plaisir de repasser avec Périclès, les sublimes vérités qu'il nous a devoilées. Tous les jours, j'admire davantage la pénétration & les vertus de ce jeune homme. Je t'aſſure que tes Augures ſont faux. Voilà pluſieurs fois que je me vois ſeule avec lui, & je ne lui ai jamais trouvé plus de retenue qu'alors, il eſt même plus ſérieux que jamais, tout le tems de nos entretiens eſt donné aux Muſes, & aux Muſes de toute eſpece. Car nous nous en tenons pas à la Philoſophie. Rien de ce qui peut ou inſtruire ou orner, ne nous eſt étranger ; ouvrages ſolides, écrits legers, vers délicats ou ſublimes, tout cela eſt de notre reſſort.

Parmi ces derniers, j'ai revu avec un plaiſir nouveau les ouvrages de Rufus. Quelle nobleſſe! Quelle force & quelle grace en même tems ! Soit qu'il peigne les Dieux & qu'il leur aſſocie le vainqueur de Bizance ! ſoit qu'il faſſe reculer Diane à la vue des enchantemens de la fille du Soleil ; ou que ſous l'emblême du ſenat des enfers, il peigne le redoutable Aréopage.

Ceux qui avoient touché la Lyre avant lui, en avoient fait ſouvent un harmonieux délire. Toutes les graces du Troyen ont de la peine à racheter le déſordre qu'elles couvrent. Rufus a montré des Odes où la force des penſées & l'éclat des images ne ſervent qu'à embellir un enſemble dont toutes les parties ſont liées entre elles, & dictées par la raiſon. Eſt-il poſſible qu'un homme qui a fait honneur à ſa patrie, ait fini des jours languiſſans dans l'exil & dans la miſere? On l'accuſe d'un grand crime : d'avoir flétri l'honneur des Citoyens. Si cela eſt, il a mérité ſon ſort. Mais outre que des perſonnes éclairées dépoſent en faveur de ſon innocence ; quand même il auroit été coupable, n'étoit-il pas aſſez puni par ſes malheurs ſans qu'une foule d'ennemis le déchirat dans ſon abſence! Au moins le tombeau ſemble devoir le ravir à leur fureur. On en voit cependant qui vont encore tous les jours insulter lâchement à ses cendres.

Je ne suis point surpris que d'obscurs écrivains portent sur lui une dent impuissante. La haine des foibles est toujours le partage de la célebrité.

Je ne m'étonne point que des Auteurs célébres n'ayent point senti sa valeur. Il faut plus que de l'esprit pour rendre justice au Génie. Qui ne sait pas admirer Homere ; n'est pas en état de gouter Rufus.

Ce qui me fâche, c'est de trouver Sophocle à la tête de ses persécuteurs. Ils s'estimoient sans doute : ils étoient donc faits pour s'aimer. Leurs invectives mutuelles sont des taches à la gloire de tous les deux.

LETTRE XXXI.

A la même.

J'ETOIS il y a quelques jours dans une assemblée de beaux esprits, chez un parent de Périclès homme de goût & riche, chez qui par conséquent ils abondent. Je te laisse à penser si la conversation languit. On m'agaça beaucoup : mais j'évitai toujours de me mettre en jeu. Peut-être y perdis-je un peu dans leur idée ; en revanche j'y gagnai la Comédie la plus divertissante. Il n'y en a point qui vaille le plaisir de voir ce choc d'imaginations que l'envie de briller fait sortir du naturel, les efforts que font tant d'esprits pour se surpasser les uns & les autres, leur avidité pour saisir la conversation, leur attention pour démêler sur le visage de leurs auditeurs l'impression qu'ils ont faite, la joye de ceux qui ont trouvé une ſaillie qui a plû, les chagrins jaloux de leurs rivaux qui ſe croyent humiliés par ce ſuccès, la confuſion de ceux qui n'ont tiré aucun ſigne d'applaudiſſement... Des Généraux d'armée, au fort d'une bataille qui doit décider de leur gloire & du ſort des Etats, ne ſont pas plus inquiets du ſuccès de leur manœuvre.

Après m'être amuſée long-temps de ces ſcènes, Monſieur dis-je à celui chez qui l'on tenoit le cercle & qui ſe trouvoit heureuſement à côté de moi; je ne ſaurais trop vous remercier de m'avoir procuré ce ſpectacle. Mais je né jouis du plaiſir qu'à demi. Tous ces Acteurs me ſont étrangers. Ne ſeroit-ce point être importune, que de vous prier de me les faire connoître? Volontiers, me dit-il. Je ſerai même plus en état de le faire que des gens du métier à qui vous pourriez vous adreſſer. L'envie qui regne entre les écrivains, & qui dégénere souvent en une haine cruelle, la crainte de parler avec vérité, d'un confrere qui pourroit rendre la pareille, l'habitude de n'avoir envisagé que la partie où l'on s'est exercé; tout cela altere presque toujours leurs jugemens. Il faut être hors de leur Sphère pour les bien apprécier; à-peu-près comme des peuples, qui devenus rivaux par leur voisinage, ne se rendent jamais justice, & ont besoin d'un arbitre étrangers pour décider leurs débats.

Puisque vous permettez que je vous interroge, lui dis-je; quel est cevieillard aimable qui porte encore dans ses yeux la vivacité de la jeunesse? Il parle peu, mais tout ce qu'il dit, fait plaisir. Il me semble même que les autres le regardent avec beaucoup de respect. On lui en portoit encore bien d'avantage autrefois, me répondit-il. Il est peu d'Auteurs qui ayent eu une cariere auſſi brillante. Toutes les ſocietés littéraires ſe ſont fait un honneur de l'adopter, & il jouit du plaiſir de ſe voir à leur tête. Il n'y a preſque point de genres qu'il n'ait embraſſé, & il n'y en a point où il n'ait porté de la fineſſe. Cette qualité fut toujours ſa favorite : on ſe plaint même qu'il l'a ſouvent outrée. De nombreux admirateurs l'ont couronné de tout temps : de tout temps de redoutables rébelles lui ont conteſté ſon diadême. Autrefois ceux-ci perdoient leurs cris ; aujourd'hui ils ſe font entendre ; & ſi ce Neſtor conſerve encore une partie de ſon Empire, il le doit peut-être autant à la douceur de ſes mœurs qu'à la juſtice de ſa cauſe. Il a été le zélé adverſaire des anciens. Je n'en ſuis point ſurpris. Leurs traits mâles, déſunis & pleins de feu ne ſauroient être du goût d'un eſprit qui a au ſuprême dégré, de la méthode & peu de chaleur.

Et celui que je vois à côté de lui, repris-je, qui parle avec rapidité & disserte sans cesse. Il montre de l'esprit ; mais il me semble que la conversation étant faite pour tout le monde, c'est manquer de discernement que de la ravir avec tirannie. C'est son défaut, dit-il. Du reste il est estimable. Il a débuté par des ouvrages d'imagination qui ont eu un succès brillant & qui l'ont mérité. Depuis il s'est appliqué à d'autres genres qui lui ont été encore plus utiles. Si dans un recueil de réflexions qu'il vient de donner au public, l'amour du singulier, maladie épidémique de ce siècle, l'a conduit quelquefois au précieux & au faux ; souvent aussi l'amour du vrai lui a dicté des maximes solides & neuves.

Un peu plus loin vous appercevez un homme bien extraordinaire. On ne peut lui contester de la vivacité & de l'harmonie. Le Théâtre lyrique lui a des obligations ; & il y a de lui des morceaux que la poſtérité pourra connoître. Cependant peu de gens lui rendent juſtice, & tout le monde ſe fait un plaiſir de lancer ſur lui les traits de la Satyre. C'eſt qu'il ne les a épargnés à perſonne ; & comme on a trouvé une abondante matiere pour la vangeance , on lui a prodigué les brocards. Mais il a un front d'airain. Il ne fait qu'en rire ; & les remedes mêmes les plus efficaces qu'on aſſure lui avoir été appliqués, ſouvent n'ont pû le guérir de la manie de médire.

J'abuſe peut-être de votre complaiſance, repris-je. Mais en voici un qui pique tout-à-fait ma curioſité. Ses penſées qu'il paroît rechercher avec ſoin ſortent toujours enveloppée de quelques nuages qui les dérobent. On fait ordinairement des efforts pour s'exprimer avec plus de clarté : celui-ci ſemble n'en faire que pour parler par Énigmes. Cet écrivain, me dit-il, a un mérite; c'eſt de faire des portraits. Son grand Art eſt de ſaiſir dans les caracteres, des nuances peu marquées qui échappent à la plûpart des hommes. Mais à force de vouloir pouſſer ſon talent, il lui arrive (malheur infaillible dans l'affectation) de tomber à tout moment dans une obſcurité qui en détruit le mérite. Elle le ſuit partout; & juſques dans ſes Comédies on voit les eſclaves ne s'exprimer que par d'ingénieux miſteres.

Tournez les yeux de ce côté-ci: vous y voyez un écrivain qui a un talent ſingulier. Vous imaginez ſans doute qu'un hiſtorien doit rechercher laborieuſement les faits, les employer avec choix, les diſtribuer avec ordre, ménager les réflexions; & ſur-tout, n'aſſigner les caracteres qu'après une connoiſſance approfondie des actions, de façon qu'un portrait ſoit l'expreſſion de toute une vie. En un mot vous vous perſuadez que l'imagination doit être ici l'eſclave de la raiſon ſoutenue d'un opiniâtre travail. Eh bien dans les hiſtoires de celui-ci, l'imagination fera tous les frais. Le reſte ſera rempli de réflexions brillantes, de paralleles antithéſés, & d'une foule de portraits vagues.

On dit même qu'il en a une proviſion de tout faits ; & quand il veut travailler à un ſujet, il cherche dans ſon porte-feuille quelque tableau qui ait une eſpece de reſſemblance avec le Héros qu'il veut peindre, & il le particulariſe, en y ajoutant le nom. Vous jugez bien que cette derniere précaution n'eſt pas la plus inutile.

Celui que vous appercevez à ſes côtés, eſt tout différent. Il n'a donné qu'un morceau dans ce genre, mais doublement eſtimable, & par la maniere dont le ſujet eſt traité, &

par

par le courage qu'a eu l'hiſtorien de vanger la mémoire du plus reſpectable des Souverains, contre les plus redoutables adverſaires.

Cet autre eſt un écrivain poli qui d'un genre conſacré à la corruption de l'eſprit & des mœurs a fait une école où l'on peut former l'un & l'autre. Son ſtile eſt pur, ſes plans réguliers, ſes incidens agréables, ſa narration facile. C'eſt dommage qu'il ſoit prolixe, & que la noirceur de ſes ſujets gâte un peu le gracieux de ſon coloris.

Enſuite vous avez l'hiſtorien moderne de la nature; ſi élevé dans ſes idées, ſi hardi dans ſes conjectures, quelquefois ſi ſingulier dans ſes ſiſtêmes, toujours ſi noble dans ſa diction : puis, cet homme extraordinaire, l'ennemi de tous les Arts qu'il cultive, l'ami de tous les hommes qu'il évite, fort dans ſes penſées, nerveux & dur dans ſon ſtile, également outré dans ſes opinions & dans ſa conduite; reſpectable cependant par la noble fierté qu'il montre ſi conſtamment dans la carriere des lettres: ici, ce Poëte ſi connu par la vivacité qui brille également dans ſes ouvrages & dans ſa converſation; par quelques piéces de Théâtre eſtimables, & par des Poëſies détachés pleines de feu; malheureux que l'obſcénité du ſujet dans un chef-d'œuvre lui dérobe les lecteurs chaſtes & les admirateurs délicats: là, deux femmes l'honneur de leur ſexe, célebres par les larmes qu'elles nous ont tirées ſur la ſcène dans des genres différens, l'une illuſtre encore par le courage qu'elle a eu de faire retentir ſur nos rives, les ſons mâles du ſublime chantre de Deucalion & des enfers; l'autre, immortelle par l'Art qu'elle a eu d'envelopper dans un ſujet léger, des vérités nobles, & une utile Philoſophie: enfin, l'aimable fils du tragique Chabrias, ce cigne tendre né d'un aigle terrible, aussi heureux dans la peinture des plaisirs de l'amour que son pere le fut dans l'image de ses fureurs; si bizarre dans ses plans, si brillant dans ses détails; si coupable envers les mœurs, pour avoir paré le vice des atours les plus séduisans; si cher aux lettres pour avoir eu l'adresse de répandre les vives couleurs d'Iris sur les fragiles toiles d'Arachné.

LETTRE XXXII.

A la même.

NE me fais point un crime de mon silence sur la Comédie moderne. Eh! que veux tu que je t'en dise! ce n'est plus cette aimable Thalie qui enchantoit Athènes; simple, forte, naturelle; toujours dans ce ton d'instruction qui doit être son but; toujours dans cette fine gaieté qui fait son caractere;

ſoit qu'elle traçât les bizarres ſoupçons d'un mari jaloux, ou les vaines précautions d'un vieillard amoureux ; ſoit qu'elle badinât l'amour propre d'une fauſſe ſavante, ou qu'elle ſe jouât de la ſotte vanité d'un petit maître ; ſoit qu'elle ſe moquât des tourmens de l'avarice, ou qu'elle ſe divertît des petiteſſes de l'affectation ; ſoit qu'avec le crayon le plus fin elle montrât le ridicule d'une vertu ſauvage, ou qu'avec la touche la plus forte, elle peignît les détours d'une fauſſe vertu, & qu'elle arrachât le maſque à l'affreux Hypocrite.

Qu'elle eſt aujourd'hui différente d'elle-même ! Tantôt elle marche embarraſſée au milieu d'une foule d'incidens où elle ſe perd ; tantôt elle préſente des événemens tout-à-fait déſunis, & forme autant d'actions différentes, qu'elle produit de ſcenes : quelquefois c'eſt une coquette chargée d'un luxe de parure & de clinquans, dont l'éclat dure un jour ; quelquefois c'est une précieuse qui ne parle que par épigrammes, qui ne s'exprime que par des termes bizarres puisés dans ces cercles où le haut rang protége le mauvais goût. Ici, c'est une matrone vénérable, montée sur une sombre morale, & hérissée de sentences ; là c'est une veuve en longue habit de deuil le mouchoir à la main, & a qui il ne manque que le poignard pour se faire confondre avec Melpomene.

Il semble qu'on ait perdu de vue le véritable but de cette aimable Muse : c'est de tracer avec une torche riante, des caracteres de ridicule puisés dans le gros de la société. Tout doit partir de-là : tout doit y tendre. Le mérite même de l'intrigue n'est ici qu'en second. Les incidens ménagés avec la plus exacte économie ne doivent être employés qu'à développer le caractere que l'on ſe propoſe. Autrement vous faites une hiſtoire, & non pas une comédie.

On oppoſera à cette regle l'expérience de quelques pieces d'un genre oppoſé qui ont arraché des larmes. Je le ſçais, & j'en ai partagé le plaiſir. Mais ce ſuccès ne ſert qu'à montrer le mérite ſupérieur de l'Artiſte, & n'empêche point que le fond ne ſoit vicieux. En effet ce genre de comédie lugubre, emploie les reſſorts de la Tragédie. Mais ces reſſorts gênés par la ſphère où on les fait jouer, ne peuvent plus ſe déployer dans leur étendue, ni par conſéquent exciter dans l'ame ces agitations terribles qui font le charme de Melpomene. Ils ne peuvent frapper les cœurs que de mouvemens ſubalternes & médiocres. Or qu'eſt-ce qu'un genre qui ne tend qu'au médiocre?

Cet âge a cependant produit

quelques pieces heureuses, dessinées dans le vrai goût. Je t'en envoie entre autres trois où tu trouveras des caracteres excellens, rendus avec vérité & avec force : la manie d'un Poète, la vanité d'un noble, & la fausseté des apparences.

Comme je fermois ma lettre, Périclès est venu, & je la lui ai montrée. Il m'a prié de ne te la pas envoyer, qu'il ne m'eut fait voir une Comédie du Chantre d'un oiseau malheureux, ce Poète que nous appellons le favori des Graces. Il est parti ; un moment après, je l'ai revu la piece en main. C'est un trésor qui m'étoit échappé. Je la joins aux trois autres. Tu y rencontreras peut-être les défauts de ses contemporains, mais tu y trouveras ce qu'ils n'ont pas : des sentimens délicats, des réflexions neuves, des tableaux finis & le coloris le plus brillant.

LETTRE XXXIII.

Aspasie à Phila.

IL y a des hommes bien fous, me disoit à l'oreil un financier tout d'or. Vous voyez ce jeune homme. il parle & on l'écoute. Il a refusé un emploi considérable dans les déniers publics. Encore passe de n'avoir pas voulu entrer dans le corps des augures, Etats, entre nous de gens oisifs & tout-à-fait inutiles. Mais refuser un emploi dans un corps comme le nôtre, utile & honorable, il faut avoir perdu la tête ? Eh ! que fait-il ? L'homme de lettres, le Poète ! croiriez-vous bien, me dit tout bas un gros augure qui se trouvoit à ma droite, que ce bel esprit a été assez sot pour renoncer à nôtre état où tout lui promettoit les premiers honneurs ? On ne peut que le louer de n'avoir pas voulu grossir le nombre

bre de ces ſangſues publiques qui croient qu'on leur rend les hommages qu'on ne donne qu'à leur coffre fort. Mais quitter notre corps le premier ſans contredit de la République ! Et pourquoi ? pour jouer le Philoſophe. N'eſt-ce pas le comble de l'extravagance ?

On propoſa alors une partie de promenade. Au retour je me trouvai placé a côté d'un homme de robe. Que penſez-vous, me dit-il, de ce jeune homme ? on ne peut que l'eſtimer, ajouta-t'il ſans me donner le tems de repondre ; il a eu la générosité de rejetter deux partis tous deux fort avantageux ; l'un dans les affaires, où il eſt ſi difficile de bien faire les ſiennes ſans qu'il en coute à la probité ; l'autre dans le corps des augures où l'on n'arrive ſouvent aux dignités qu'à force de baſſeſſes & de diſſimulation ; où il faut toute ſa vie ſe faire un double art de ramper & de tromper :

auſſi de qui ces gens-là ſont-ils eſtimés aujourd'hui ? mais quand on a des talens pourquoi ne les pas employer au barreau ? Pourquoi ne les pas conſacrer à cette profeſſion vénérable où l'on fait ſervir le plus bel appanage de l'humanité le genie, à la défenſe de l'innocence ! Morbleu, Monſieur l'Orateur, s'écria un Militaire qui l'avoit malheureuſement entendu, vous voudriez donc que mon parent prit votre robe. Ne voilà-t'il pas un bel emploi pour un gentil-homme ? Orateur ! Par Pollux ! J'aime mieux qu'il ne faſſe rien de ſa vie que de ſe deshonorer. Vive notre metier : c'eſt-là une profeſſion glorieuſe & où l'on ſait ſe faire reſpecter. Qu'en penſez-vous ? Je detournai vite la converſation, mais je ne laiſſai pas de méditer ſur cette ſcene. Bon Dieu, me diſois-je ? que les hommes ſont plaiſans ! en voilà quatre qui s'accordent à en blamer un cinquiéme, & chacun par des raisons si différentes, que le motif du mépris de l'un, est précisément le titre des éloges de l'autre.

Pendant que je me livrois à mes réflexions sur la bizarrerie de l'amour propre qui ramene tout à lui, celui qui avoit été l'objet de tant de censures s'étoit approché de moi : pardonnez, me dit-il, si je prens la liberté de vous distraire, mais j'ai compris aux propos de mon parent que j'avois été le sujet de la conversation, & je crains qu'on ne vous ait donné sur mon compte des impressions peu favorables. Monsieur, lui dis-je, avec cette franchise que tu me connois, je vous avoue que ces Messieurs se plaignoient tous que vous ne voulussiez pas vous rendre aussi heureux que vous le pourriez : je les laisse volontiers dans l'erreur reprit-il. Vous, illustre Aspasie, qui en m'inspirant de me m'avez rendu jaloux de la votre, daignez écouter mes raiſons. Je ſuis bien trompé ſi elles ne ſont pas de votre goût.

Le bonheur eſt le but où tendent tous les hommes : ils le cherchent ordinairement par la voie des richeſſes & des honneurs. On ne peut nier que cette route ne ſoit longue , difficile , dangereuſe & incertaine. S'il y en avoit une courte , facile , ſure , & qui me menat infailliblement au même point , n'eſt-il pas vrai que ce ſeroit une folie de ne la pas préferer à l'autre ? J'ai voulu eſſayer ſi je ne la trouverois point avec le genre de vie que voici. J'emploie le matin à m'occuper de tout ce qui a été penſé de profond, de ſublime ou de gracieux. C'eſt, paſſez-moi le terme, la quinteſſence de l'eſprit humain, que me fournit une bibliothéque petite mais excellente , pour éclairer ou pour embellir ma raiſon. Je dîne dans la même maiſon avec une famille charmante & vertueuſe dont la tendreſſe m'a en quelque façon adopté. Le repas eſt frugal, mais honnête & animé par la confiance & la gaieté : on ſe leve de table, on folâtre, on badine. De-là, je vais voir un petit nombre d'amis choiſis & j'ai ſû ſi bien les aſſortir que j'en ai pour toutes mes humeurs. J'ai des Philoſophes pour les jours où mon eſprit plus ſombre eſt en train de méditer; j'ai des beaux eſprits pour les jours où je ſuis en diſpoſition de folâtrer. J'ai des Savants lorſque je veux m'inſtruire ; & quand je me ſens envi de ne point penſer, vous comprenez bien que je ne ſuis pas embarraſſé de trouver des Sociétés ou l'on s'en diſpenſe. Enſuite, ſi c'eſt l'Hiver, je vais au Spectacle : de douces larmes y payent à Sophocle le tribut de mon admiration ; ou une gaieté innocente m'amuſe de mes ridicules qu'elle corrige. L'Eté je vais tantôt dans des compagnies riantes jouir des charmes de la nature, tantôt dans des jardins enchanteurs où nos jeunes Athéniennes viennent avec une pudeur coquette , étaler les graces de leur figure & les prodiges de leur art. La nuit vient-elle prêter ſes voiles aux amans? je court chez Eglé que j'aime ſans ſoupçon & qui m'aime ſans intérêt. Nous paſſons enſemble une charmante ſoirée. Les agrémens de ſon eſprit rempliſſent les momens que la tendreſſe n'occupe pas. Enfin je me retire chez moi où je fais des réflexions utiles qui tendent toutes à aſſurer de plus en plus mon repos , en me rendant abſolument indifférent à toutes les chimeres de l'amour propre qui en troublent la douceur.

J'ai trouvé qu'avec cela j'étois

heureux. Cependant comme je voulois être non ſeulement heureux, mais auſſi heureux que tout autre mortel, j'ai demandé à ces favoris de la Fortune qui nous éblouiſſent, en quoi conſiſtoit ce ſouverain bonheur dont ils ſemblent joüir. Ils m'ont repondu qu'il eſt dans la ſatisfaction de tous leurs deſirs. Mais je me vois préciſément au même point. Je n'ai point d'ambition : le luxe ne me tente point : le plaiſir de commander aux autres ou de leur étaler une faſtueuſe magnificence m'a toujours parû la maladie d'un eſprit foible. Ainſi les honneurs & les richeſſes ſeroient pour moi ce que ſont les tableaux finis pour un aveugle. L'étude, l'amitié, l'amour, & ſurtout la liberté, voilà l'étroite ſphère de mes deſirs. La vie que je mene me donne ces biens. J'ai donc tout le bonheur dont je puis jouir ; & loin de me plaindre, ceux qui s'intéreſſent à moi doivent me féliciter. Cependant ſi leurs murmures partoient réellement d'un motif de compaſſion, je leur en ſaurois gré : mais je ne ſuis pas la duppe de leur faux zèle : l'envie & la vanité en ſont les ſeuls principes. On voit d'un œil jaloux qu'un homme arrive au but ſans peine, tandis que de continuels travaux n'ont pû y conduire les autres. Sa conduite d'ailleurs eſt une condamnation de celle du grand nombre. L'amour propre ſouffre qu'il ait oſé s'ouvrir un chemin qui étoit inconnu ou qu'on n'a pas eu le courage de ſuivre. Je ne les blâme cependant point.... Vous faites bien, lui dis-je. Le bonheur n'eſt en effet rien d'abſolu : il eſt relatif a la différence des eſprits. Vouloir le fixer aux mêmes objets pour tous les hommes, c'eſt exiger qu'un même mets plaiſe à tous les Convives. Chacun doit ſe décider par ſon caractère ; & comme les passions tumultueuses ne peuvent rendre heureux un esprit qui chérit la tranquillité, un état plus doux ne conviendroit pas à un homme dont l'imagination se plaît dans les grandes agitations. Mais, ajoutai-je, sommes nous faits seulement pour nous rendre heureux ? Comptez-vous pour rien le devoir d'être utile aux autres ? Leur suis-je tout-à-fait inutile ? Reprit-il avec vivacité. Mes foibles revenus coulent dans les mains des artisans industrieux : quelquefois même à force d'économie, j'ai la douceur de soulager un malheureux. Plein de respect pour les devoirs qui font le charme de la Societé, je les pratique & je tâche de les faire aimer. Je conviens que je ne rend point à l'Etat des services distingués. Aussi je ne demande point à l'Attique les respects dont elles les récompense. Qu'elle garde ces hommages pour la mémoire de ce Héros qui la défendoit, ou pour les lumieres de ce génie qui l'éclaire. Qu'elle les donne à ce Magiſtrat dont la pénétration eſt la terreur du crime & l'eſpoir de l'innocence; à ce Prêtre obſcur, l'image de ſon Dieu, & dont la conduite inſpire les vertus que ſa bouche annonce, ou à ce Miniſtre reſpectable qui trouve l'art ſi difficile, d'exiger les revenus de l'empire ſans faire gémir ſes Concitoyens. Je paſſerois à de tels hommes de ſe plaindre de l'oiſiveté prétendue d'un homme de lettres. Mais ceux-là préciſément ne le condamnent point; au contraire ils l'aiment, ils l'encouragent. Qui ſont donc ceux qui font ſans ceſſe le procès à ſes innocentes occupations? c'eſt ce Publicain qui couvre les rives du fleuve, de magnifiques palais bâtis de la ſubſtance des malheureux, qui actuellement a un projet ruineux dans la tête afin de donner à ſa Laïs pour cinquante talens de colifichets ; c'eſt ce gros Augure qui depuis le milieu du jour où il ſe leve juſqu'au milieu de la nuit ne fait que boire, manger & médire, qui à preſent inſolvable mourra inceſſamment d'embonpoint, en ruinant cent miſérables qui auront eu l'imprudence de contribuer par leur travaux à la molleſſe ; c'eſt cet Orateur qui a quelques talent à la verité, mais une vanité mille fois plus grande ; inſolent pour ſes confreres, cruel pour ſes adverſaires, avare pour ſes cliens, toujours prêt à ſoutenir de ſa funeſte éloquence le crime riche contre l'innocente indigence ; c'eſt enfin ce militaire qui a pris l'Uniforme préciſément le jour de la paix afin de pouvoir inſulter plus impunément de reſpectable citoyens à qui leur état interdit la défenſe. Voilà ceux qui nous accuſent de ne rien faire. Que le public y gagneroit, ſi tant de gens qui se flattent de le servir, se contentoient de lui être inutiles!

LETTRE XXXIV.

A la même

JE viens d'entendre dans le temple de Pallas un Orateur célébre. C'est la raison même ornée de toutes les graces d'une des plus vives imaginations qui brillent dans l'Attique. Il est Dogmatiste, & d'une secte bien singuliere: l'amour du travail fait l'ame de celle-ci. Elle annonce les dieux, elle instruit la jeunesse, elle cultive tous les Arts. Cependant (que les hommes sont bizarres!) c'est elle que l'on déchire avec le plus de fureur. Tandis qu'on laisse tranquille une foule d'autres qui ne renferment que des masses végétantes, destinées à faire nombre parmi les humains; tout le monde sots ou beaux esprits, dans les écrits & dans les converſations, lancent la ſatyre contre un corps dont les membres leur procurent tant d'avantages. On lui intente mille accuſations différentes. Mais le crime qu'on lui reproche le plus généralement, c'eſt l'ambition. Je me ſuis informé où viſoit cette paſſion dans cette Societé : j'ai découvert qu'elle ſe réduiſoit à vouloir poſſeder plus de lumieres que tout autre. Heureux vice ! ou plutôt n'en eſt-ce point un que de flétrir de ce nom odieux une généreuſe émulations le principe de nos vertus ? Veut-on lui ravir l'unique reſſort qui puiſſe arracher un corps, dont les particuliers ont le néceſſaire aſſuré, aux charmes de l'oiſiveté & à la honte de l'ignorance ?

Je lui trouve un défaut réel : c'eſt de trop appliquer ſes ſujets aux langues mortes. On ne doit jamais regarder ces ſortes de langues que comme acceſſoires, comme propres à fournir des ornemens aux langues vivantes dont il faut toujours faire ſon principal objet. Ce ſont des Palais antiques qu'on n'habite plus, où l'on va chercher les chef-d'œuvres qui les décoroient, pour en embellir des édifices nouveaux. Il eſt ſurtout ridicule de compoſer dans des idiômes qu'on ne parle plus. C'eſt faire tort à ſa patrie, en détournant de ſon ſein un ruiſſeau qui lui ſeroit utile, pour le faire couler dans une terre aſſez féconde par elle même. C'eſt ſe faire tort à ſoi même, en renfermant ſes talens dans le cercle étroit d'un petit nombre de Savans, au lieu de les faire éclater dans la vaſte ſphère de tous ſes Concitoyens.

Cet abus a éclipſé toute la gloi- d'un génie que la mort a ravi depuis peu à l'Attique, Poëte & Orateur, il étoit né pour charmer une nation qui l'eut admiré : à peine est il connu de quelques Sociétés jalouses qui ne le lisent que pour le censurer.

LETTRE XXXV.

A la même.

C'est ici la coutume d'exposer chaque année dans un ancien Palais les ouvrages récens des plus grands Peintres, j'y allai hier avec ma compagne ordinaire, & un homme que j'avois engagé a nous y conduire grand connoisseur dans ces sortes d'ouvrages, grand parleur, & aimable quand il daigne l'être ; mais capricieux au suprême dègrè & constant seulement dans le plaisir de dire des vérités désobligeantes.

Je fus surprise de trouver une grande quantité de tableaux de famille, bons en eux mêmes, mais très indifférens au public, que ſouvent l'amour propre des originaux devroit ſouſtraire à ſa cenſure : tableaux d'ailleurs, toujours denués de cette expreſſion, l'ame & le charme de l'art. Je m'étois perſuadé que dans un Spectacle ſi louable, on ſe faiſoit un plaiſir de rappeller aux Citoyens ces actions généreuſes, ou l'honneur particulier de la nation, ou la gloire commune de l'humanité ; qu'au-moins on y traçoit ces fables ingénieuſes qui préſentent les merveilles de la nature ſous des emblêmes ſi heureux.

Je communiquai mes idées à notre guide. Il me ſemble, ajoutai-je, que de pareils objets feroient tout autrement plaiſir au public ; & les Artiſtes qui trouveroient plus d'occaſions de déployer leurs talens, gagneroient... fort peu, reprit-il avec feu. D'abord ils y perdroient ſûrement du côté des récompenſes ſolides. Tel magot qui donne un un *Talent pour reproduire ſa figure dont il a enſuite la charité de nous divertir ici, ne donneroit pas une Mine pour une Sémiramis, volant à demi coëffée au milieu de ſes ſujets rebelles; où un Solon dictant ſes loix au milieu d'un peuple enchanté de ſa ſageſſe. En ſecond lieu pour peindre des ſujets compliqués, il faut être en état d'imaginer un enſemble intéreſſant, de contraſter les perſonnages, de caractériſer chaque paſſion, d'exprimer avec des traits de feu, les mouvemens terribles d'un vainqueur; avec nobleſſe, la généreuſe tranquillité d'un ſage; avec graces, la tendre langueur d'un amant heureux; en un mot, forcer l'ame à devenir viſible par la magie des couleurs: toutes merveilles abſolument audeſſus de leur forces. Jugez-en par ceux qui ont oſé les eſſayer. Regardez ce tableau

* Talent, Mine Monoyes attiques.

où l'on montre un Conquérant au moment où ſa valeur détermine la victoire ! Qu'elle foibleſſe, quel ſtupide ſilence dans tout ce Village? conſiderez ce Philoſophe mourant au milieu de ſes amis, objet le plus beau que puiſſe choiſir l'art. Apperçoît-on cete intrépide ſévérité que l'hiſtoire nous marque ? obſervez comme ſa conſtance ſe perd dans un abbatement qui le deshonore. Tournez les yeux ſur ce groupe où une province s'applaudit de la convaleſcence d'un Prince que l'Attique adore. Y retrouvez-vous ce tendre plaiſir, ces larmes délicieuſes que fait naître le bonheur d'un bienfaicteur des hommes ? Je l'arrêtai alors : dites moi je vous prie, quelle eſt cette figure qui tient un ſerpent à la main ? ne reconnoiſſez-vous pas la ſanté ? me répondit-il, pardon, repris-je, j'avois oublié le trait qui en fait le ſigne arbitraire ; &

malheureuſement le jugement ne ſauroit ici ſuppléer à la mémoire. Quelle analogie à cette bête mortelle avec la Déeſſe de la vie ? il me ſemble que les ſymboles des êtres perſonnifiés devroient ſe prendre dans l'idée même des choſes. Ce doit être une eſpece de langue univerſelle intelligible avec le ſecours de la réflexion à tout homme éclairé de quelque pays qu'il ſoit. Ainſi lorſque l'on m'offre une figure riante embellie des graces de la jeuneſſe, ornée des fleurs que produit la terre au Printems, je reconnois ſans peine cette ſaiſon. Si je vois dans le même Cadre une ſeconde figure monſtrueuſe, ailée, dont les joues ſoient enflées & qui lance de ſa bouche un ſouffle dont l'impétuoſité faſſe évanouir la premiere ; je devine aiſément qu'on a voulu exprimer un vent glacé qui flétrit l'honneur de nos jardins. Une Déeſſe offrant à pleines mains des fruits de toute espece, m'indique aussi-tôt l'Automne. Une vierge, le teint brulé, la tête couronnée d'épis prodigieux, la robe retroussée, la faucille à sa main, me présente dans un moment les travaux d'une abondante moisson ; il n'y a pas même de sauvage qui ne comprit ces aimables images. Mais le Perse le plus éclairé devineroit-il jamais qu'un animal pernicieux désignat dans l'idée des Peintres & des Sculpteurs le premier des bienfaits de la nature ? Ce défaut, me dit mon critique, n'est pas particulier à ce genre d'Artistes. Poëtes, Orateurs, Médaillistes ; presque tous ont la manie d'aller éternellement puiser dans la fable & d'en emprunter sans choix les graces & les défauts. Ils y trouvent leur compte. Pour rendre un Etre moral par un attribut de convention, un peu d'érudition suffit, & la lecture de quelques Poëtes anciens en donne là-dessus autant qu'il en faut. Mais opter avec discernement dans cette foule d'emblêmes qu'ils nous présentent, n'employer que ceux qui sont justes, suppléer aux autres par une profonde connoissance de la nature & de son objet; pénétrer les proprietés de celui-ci, & trouver dans celles-là des images qui aient avec la chose qu'on veut peindre des rapports exacts, ou une ressemblance facile à découvrir: ce travail demande précisément les seuls dons qui leur manquent, un jugemenr sûr & une forte imagination.

LETTRE XXXVI.

A la même.

ON me montra hier un temple nouvellement construit. C'est un édifice élevé, noble, un peu pesant, richement orné.

On y trouve un portique bien pris & qui rachete de grands défauts par de grandes beautés. Mais ce que j'y trouve de plus intéressant, c'est qu'il rappelle la mémoire du Pontife qui l'a fait bâtir. On parle beaucoup de lui & diversement. Pour moi, je le regarde comme un des plus grands hommes de nos jours. Car si la véritable grandeur consiste a être utile aux autres ; que penser d'un génie supérieur immense dans ses vues, prodigieux dans l'exécution, inépuisable dans les ressources, infatigable dans les travaux ; qui toute sa vie n'a eu qu'un objet : soulager les malheureux ! Je ne finirois point si je te répetois tout ce qu'on m'en a dit. Ici, c'étoit des artisans dont il animoit l'industrie, des commerçans dont il reparoit les pertes, des familles illustres dont il adoucissoit en secret les malheurs : là, c'étoient des femmes qu'il ravissoit en même temps à l'infortune & au deshonneur, des orphelins à qui il fournissoit des ressources contre les disgraces futures, une foule innombrable d'infirmes de tout âge, de tout sexe, de tout état, dont ses soins prolongeoient les jours. Enfin c'étoient de jeunes beautés formées d'un sang illustres, victimes infortunées du mérite de leurs peres, qu'il arrachoit à l'indigence, qu'il formoit dans les vertus, qu'il élevoit avec grandeur.

Que les Héros de l'humanité me paroissent supérieurs aux autres! Je ne sais si mon amour pour cette vertu m'emporte trop loin, mais j'aimerois mieux avoir été ce simple particulier que d'avoir conquis l'Empire du Grand Roi. (*a*)

(*a*) Les Perses donnoient ce nom au Roi de Perse.

LETTRE XXXVII.

A la même.

TU veux que je te marque le point où sont aujourd'hui les lettres dans l'attique. Ma chere Phila, je ne te le dis qu'avec douleur : je crois voir tous le symptomes d'une prochaine décadence.

Tu sais qu'une généreuse liberté est l'ame des Arts. Le génie languit dans l'esclavage. C'est un Républicain qui ne veut être soumis qu'à la raison ; tu ne saurois imaginer jusqu'où l'on porte ici le joug & les entraves !

L'honneur est encore un ressort essentiel aux Lettres. Les Muses, filles de Jupiter, ont la fierté de leur origine, & le plus sûr avant-coureur de leur fuite, c'est le mépris qu'on a pour elles. Je ne puis t'exprimer jusqu'à quel point on le pousse aujourd'hui. Il faut qu'un qu'un Auteur cache ce titre avec soin : pour celui de Poëte, il est deshonorant. Un grand Seigneur en parle précisément comme du dernier de ses esclaves. Que dis-je? Des hommes dont tout le mérite consiste dans un coffre fort rempli du nécessaire des malheureux, regardent un bel esprit comme une partie de leur équipage. On les entend dire avec un ris stupide : *mes Chiens*, *mes Cheveaux*, *& mon Poëte.*

Il faut en convenir : les Auteurs contribuent eux mêmes à ce malheur. Eux qui devroient faire sentir qu'un indigent qui pense est autant supérieur à un riche qui végéte, que celui-ci est audessus de l'être le plus vil; ils sont les premiers par leurs basses adulations, à couvrir d'opprobres une profession divine. Au-lieu de ne faire l'hommage de leurs écrits, qu'à des hommes respectables par leurs lumieres & par leurs mœurs, ils rampent dans des épitres dédicatoires, devant des hommes bornés, des hommes faits pour ramper devant eux, des hommes qui en méritent à peine le nom.

Je sais qu'il est des génies éleves que l'injuste Fortune n'a pas favorisés. Mais une noble pauvreté n'est-elle pas préférable aux foibles & rares présens qu'on leur fait avec dédain ?

Un Ancien demande si le ventre d'un Poëte contient plus que celui d'un lion : je le crois, aumoins a-t-on droit de le soupçonner, en voyant les bassesses que quelques-uns d'eux font pour le remplir.

Ce n'est pas tout. Ils se déchirent, ils se méprisent ; ils aiment mieux devenir le jouet du vulgaire par leurs débats, que de s'en faire respecter & craindre par leur union. Leur Art même ne leur est pas sacré. Ils sont les plus ardens à faire chorus avec les sots pour le rendre ridicule; à orner les traits qui lui ſont injurieux ; à réchauffer de vieux propos tout-à-fait dignes des ſiécles d'ignorance qui les ont produits.

Je paſſe cette timide condeſcendance à des eſprits trop foibles pour s'y oppoſer. Mais peut-on entendre une des lumieres de nos jours avancer qu'un Poëte eſt le groteſque du genre humain? Quoi ! Ramſire, Sophocle, le Chantre de la nouvelle Troye, le Cigne d'Albion qui a eſſayé ſur l'homme ſes chants harmonieux, ſeront les groteſque du genre humain ! Que le genre humain ſeroit heureux, s'il en produiſoit ſouvent de ſemblables !

Les grands hommes dorment quelquefois, & peut-être l'aimable interpréte des Perſes a-t-il laiſſé échapper ce trait, dans l'aſſoupiſſement qui a fait naître l'allégorie des choſes immondes.

Enfin plus je refléchis, & plus je crains qu'Athènes ne perde inceſſamment la gloire des Lettres. La Macédoine recueillera ſans doute ce précieux héritage. Le Prince qui y regne les aime, les cultive, les invite de toutes parts, & les fait aſſeoir ſur ſon trône. On a remarqué que les Héros ont été dans tous les tems, leur plus ſûr appui : décide ſi ce nouveau protecteur a dégéneré. Toute l'Europe convient qu'il eſt à la fois écrivain charmant, Philoſophe délicat, conquérant rapide, & ſage légiſlateur.

LETTRE XXXVIII.

A la même.

J'AI vû le chef de l'état : les Dieux ont pris plaisir à graver sur son front la splendeur de son rang. Je ne te dirai point ce que je pense de son administration. On est toujours suspect quand on prononce sur les Grands. Voici quelques traits qui pourront t'aider à en juger par toi-même.

Une longue paix a rétabli les forces de l'Attique épuisée par le règne précédent, trop brillant pour avoir été heureux. L'orage qui a suivi cette tranquillité, a été un enchaînement de triomphes, & s'est terminé par l'acquisition d'une vaste & riche Province. De nouveaux troubles ont agité l'Europe : il a porté lui-même la guerre dans le sein de ses ennemis ; & les armes Attiques peu heureuses auparavant, ſont devenues triomphantes entre ſes mains. Au milieu de ſes conquêtes, il a eu la force de s'en arracher, pour voler au ſecours d'une extrémité de l'Empire. Dans une maladie qui a menacé ſes jours, l'Attique a été plongée dans la plus affreuſe conſternation. A peine convaleſcent, il a repris ſes travaux. Et trois batailles gagnées ; une infinité de villes priſes ; de vaſtes régions ſubjuguées ; des fortereſſes regardées comme invincibles, foudroyées ; ont été les fruits de trois Campagnes.

On a vû ce Prince tranquille dans les tranchées, ſoupirer dans les hopitaux. On l'a vû après les combats, les larmes aux yeux ſur le champ de ſa gloire, oublier le plaiſir du triomphe & ne s'occuper que du ſang qu'il avoit couté. Le ſeul peut-être à qui les ſuccès ayent inſpiré le deſir de la paix, le ſeul qui l'ait fait naître réellement de ſes victoires.

Ses premiers ſoins dans le calme, ont été d'augmenter & de rendre plus commodes ces aſiles vénérables où d'illuſtres guerriers conſacrent à la Divinité le reſte du ſang qu'ils ont verſé pour la patrie ; de récompenſer les ſoldats par des préſens utiles ; d'honorer les chefs par des diſtinctions flateuſes ; d'étendre ſes ſoins ſur leur poſtérité la plus reculée.

Les Miniſtres diſent qu'ils ſont frappés de la ſolidité de ſon jugement ; les Grands, qu'il daigne être un ami tendre ; ceux qui le ſervent, qu'il eſt le maître le plus humain ; tout ceux qui l'approchent, qu'on ne ſauroit s'empêcher de l'aimer : & la nation entiere ne ceſſe de lui donner de nouveau, tous les jours, le titre de Pere du Peuple, qu'il a préféré aux plus brillans.

LETTRE XXXIX.

Phila à Aſpaſie.

EPHÈSE eſt dans la conſternation. Policrate vient de mettre le comble à ſes fureurs, en les tournant contre Traſibule.

Ce reſpectable Magiſtrat languit aujourd'hui dans un affreux cachot, confondu avec les ſcélérats dont il étoit autrefois la terreur.

On parle beaucoup de la fermeté qu'il a fait paroître dans ſon malheur. On dit que cet auguſte vieillard entouré des barbares Satellites du Tiran, & courbé ſous le poids des fers, conſervoit cette tranquillité qu'on admiroit en lui, lorſque les ſuffrages unanimes d'un peuple libre déféroient à ſa vertu les honneurs ſuprêmes.

LETTRE XL.

Aspasie à Phila.

JE plains les Ephésiens qui gémissent sous Policrate. Je plains Policrate qui fait gémir les Ephésiens. Pour Trasibule, il n'est point à plaindre. Eh ! que peut ôter la tirannie, à un homme qui trouve tout en lui-même; à un homme qui secondé d'un sublime génie, ne cherche son bonheur que dans ses propres ressources; qui conduit par ce principe, s'est fait une habitude de ne regarder jamais ce qui est hors de lui, comme essentiel à sa félicité ; qui ne trouvoit dans la satisfaction des passions les plus flateuses ou les plus respectables, que des objets dont la possession pouvoit lui donner quelque plaisir, mais dont la perte étoit incapable de lui causer quelque douleur ; qui maître de tous les mouvemens de son ame, les soumit sans cesse à la réflexion ; qui ſouverainement vertueux par raiſon, ſe reprocheroit comme une foibleſſe de l'être par ſentiment !

On condamne cette perfection : on la traite de chimere ou de crime ; c'eſt que la plûpart des hommes ne ſe ſentent pas en état d'y parvenir. Environnés de mille cauſes qui peuvent à chaque inſtant, nous enlever tout ce qui nous eſt étranger, n'eſt-ce pas une ſuprême ſageſſe d'en rendre notre bonheur indépendant, pour ne l'attacher qu'aux biens contre leſquels la Nature & la Fortune ſont impuiſſantes ?

LETTRE XLI.

A la même.

ON parloit dans une compagnie où je me trouvois, de la néceſſité de la mort. On regardoit comme un des plus grands bienfaits de la Nature, ce tour d'eſprit qui éloigne ſans ceſſe une idée capable, diſoit-on, d'empoiſonner les douceurs de nos jours. Un ſeul oſa avancer que cette image n'empruntoit ſes horreurs que du préjugé, & que le ſeul moyen de ſe rendre heureux, c'étoit de ſe familiariſer avec elle. On ſe ſouleva unanimement contre ce paradoxe : je fus la premiere à le condamner. De retour chez moi, je l'ai péſé & je rougis de l'avoir combattu. Voici mes réflexions. Profite de leur utilité, ou indique moi leur foibleſſe.

Rien n'eſt plus affreux qu'un malheur qui nous ſurprend. L'eſprit alors accablé de tout ſon poids n'enviſage dans l'objet de ſon déſeſpoir, que les côtés qui lui en préſentent la douleur. Rien ne diminue plus un malheur que de l'avoir prévû longtemps. A force de ſe l'être repréſenté, de s'y être attendu, il a perdu tous ſes traits ; & quand il arrive, l'imagination qui a déja ſaiſi peu-à-peu ce qu'il a d'amer, se tourne du côté des consolations que lui offre l'espérance. La mort étant inévitable, & nous ménaçant à chaque instant, qu'y a-t-il de plus sage que de s'y préparer par des réflexions qui fassent évanouir ce qu'elle a d'effrayant ?

Qu'est-elle après tout, quand on l'examine de près ? Considérée en elle même, c'est le terme de notre vie, c'est-à-dire, d'un enchaînement de foiblesses, d'erreurs, d'inquiétudes ; d'espérances qui nous agitent, de craintes qui nous dévorent ; de plaisirs rapides & trompeurs, de douleurs réelles & constantes. Est-ce une disgrace pour la plûpart des hommes, de quitter ce cercle de travaux qui les oppriment ? Le sommeil qui les suspend, le sommeil, cette image de la mort, est ce que nous avons de plus doux.

Seroient-ce les suites de la mort qui nous effrayeroient ? Si, comme la Folie l'aſſure, le néant nous attend, que peut avoir d'affreux cet état où l'on ne ſouffre, & où l'on ne craint rien ? Etions nous malheureux avant que de naître ? Nous revenons au même point ; auſſi peu infortunés de perdre l'exiſtence, que de ne l'avoir pas toujours eue.

Si, comme je m'en flatte, j'ai droit d'eſpérer une vie nouvelle, la vue de l'inſtant qui doit me l'ouvrir eſt une ſource de conſolation dans mon cœur. Balancerai-je à me jetter avec confiance dans le ſein bienfaiſant du pere de la Nature ?

On croit que l'idée de la mort répand des nuages ſur nos plaiſirs : elle effraye ſans doute les plaiſirs coupables, & ceux-là n'en méritent pas le nom. Mais elle eſt un aiguillon pour n'en négliger aucun dont l'innocence s'accommode avec la Vertu. C'eſt une voix qui nous avertit ſans ceſſe de nous hâter de ceuillir des fleurs prêtes à ſe dérober à nos mains.

Voilà les traits dont ſe la peignit la ſage Antiquité. Elle s'en ſervoit pour exciter la joye, elle la rappelloit dans les feſtins : elle la mêloit avec les amours. Les odes les plus riantes du lyrique Troyen, ſont toujours animées par cette image.

LETTRE XLII.

A la même.

TU vois ce papier baigné de mes larmes. Ma chere Phila, je reviens d'une cérémonie qui m'a percé le cœur. Une jeune beauté parente de Périclès, s'y eſt conſacrée pour jamais à Pallas.

On dit qu'une piété ſincere l'a engagée à ce redoutable ſacrifice. Puiſſe cette heureuſe ferveur durer autant que ſes jours ! Puiſſe-t-elle ne ſe repréſenter jamais la liberté avec tous ſes charmes, & n'en point faire un parallelle effrayant avec ſon cruel eſclavage ! Ah Phila ! Si cet heureux bandeau vient à tomber ! ſi elle vient à ne regarder une demeure éternelle que comme une horrible priſon ! ſi elle n'enviſage dans ſes compagnes que de triſtes aſſociées de ſa captivité ! ſi elle ſe trouve réduite à ne concevoir de douceur, que dans l'eſpoir d'un funeſte tombeau ! ... Que dis-je ? Si ſon imagination enflammée par les ſens lui peignoit un jour les plaiſirs ! ſi ſes deſirs plus vifs dans la ſolitude, toujours animés, toujours fruſtrés agitoient ſon cœur; ſi ſes tranſport renaiſſoient ſans ceſſe irrités par des phantômes charmans qui ne feroient qu'en allumer la fureur, ſans jamais en ſatisfaire la vivacité.... Ah Phila ! le tartare auroit-il des ſupplices plus rigoureux ?

On dit que des peres forcent leurs filles à ces ſanglans holocauſtes. Non, je ne puis le croire. L'humanité, ſans doute, ne produit point de pareils monſtres.

LETTRE XLIII.

A la même.

Sans doute, je te parle ſouvent de Périclès; c'eſt-à-dire de l'homme du monde qui mérite le plus ton eſtime. Tu es bien injuſte dans tes préventions contre ce jeune Seigneur! Si tu le connoiſſois; ſon cœur, ſes talens, ſa modeſtie... Tu me plaindrois de ne le pas voir aſſez. Sais-tu qu'il y a une eſpece d'ingratitude dans ton procédé! tu n'as peut-être perſonne qui te ſoit plus attaché. Sans t'avoir vue, il t'aime autant que moi-même. Nous nous entretenons enſemble de toi avec tant de plaiſir! je lui montre tes lettres, excepté celles où tu me conſeilles de rompre avec lui: elles lui feroient trop douloureuſe. Je le vois

vois intéressé aussi vivement que moi à tout ce qui te regarde ; aussi impatient de recevoir de tes nouvelles ; aussi inquiet quand les vents conspirent contre notre commerce. Il est enchanté de ta façon de penser. Il ne cesse de me féliciter d'avoir une amie telle que toi. Tu ne croirois jamais combien il m'envie ce bonheur. Ah Phila ! Il est si digne de le partager!

LETTRE XLIV.

Phila à Aspasie.

JE t'ai vue curieuse de connoître les avantures du Guêbre Euphranor & de Barsine ; ces deux époux dont nous avons si souvent admiré le bonheur. J'ai prié Euphranor de m'en faire le recit, il a eu la complaisance de les mettre par écrit. Mais en me les donnant il me recommanda de n'en faire part a personne. Je les ai lues &

je les ai trouvées trop intéreſſantes pour t'en priver. Cependant comme je me croirois auſſi coupable de te révéler les ſecrets des autres, que de te cacher les miens, je n'ai pas voulu te confier ce petit ouvrage ſans l'aveu de l'auteur. A force de lui peindre ta façon de penſer, je l'ai fait céder a mes inſtances. Médite cet écrit, Ma chere Aſpaſie. Il peut t'inſpirer des réflexions utiles. Tu verras à quels égaremens l'amour peut porter les cœurs les plus vertueux. Tu apprendras par combien de ſupplices il a fait achéter ſes plaiſirs à ceux même qu'il ſembloit avoir comblés de toutes ſes faveurs.

HISTOIRE

d'Euphranor.

VOus êtes la ſeule, illuſtre Phila, à qui je ne craigne point de confier l'hiſtoire de mes malheurs ; vous qui ſupérieure aux foibleſſes ſavez les plaindre ; vous qui pratiquant invariablement les vertus, daignés être indulgente pour les vices.

Je ſuis né dans les plaines de la Méſopotamie, parmi un peuple mépriſable en apparence ; mais en effet le plus reſpectable de la terre ; ce peuple où la raiſon dicte les loix, où la Nature guide les mœurs ; ce peuple où tout le monde eſt riche, parceque tout le monde eſt également pauvre.

Mon pere, a l'exemple de ſes ancêtres, couloit ſes jours tranquilles dans une reſpectable obſcurité. Ses travaux lui fournissoient le nécessaire. Une épouse fidelle, des amis constans, & le respect qui dans nôtre nation suit toujours la vertu, lui donnoient le bonheur ; ce bonheur, qui fuit si souvent les palais des Rois, pour venir habiter la chaumiere du Sage.

Une seule chose manquoit à Bélidas. Il n'avoit point de fils à qui il pût transmettre ce précieux héritage. Cent fois ses mains pures avoient fait couler le lait sur les autels du Dieu de la Nature. Cent fois sa tendre épouse en avoit embelli le gazon des plus brillantes fleurs. Que les vœux des mortels sont imprudens ! le ciel exauça mes parens. Ma naissance remplit leurs desirs & mes premieres années parurent combler leur espérance. J'étois déja dans l'age du triomphe des passions, je faisois encore la consola-des miens, & l'objet de l'envie des familles étrangeres.

Un jour je revenois de labourer le champ de mon pere situé sur l'Euphrate. Les rives de ce fleuve que la plus belle soirée qui fut jamais ornoit d'un nouvel éclat, un Bois voisin qui retentissoit du ramage de mille oiseaux divers, la douce lumiere de l'astre du jour qui commençoit à se perdre derriere des coteaux fertiles; le plaisir, la fatigue, tout m'invitoit a marcher plus lentement dans les plaines heureuses qui conduisoient au hameau. Tout à coup j'entens des cris plaintifs qui viennent du Bois. J'avance a travers les palmiers dont il est composé. Je n'avois pas fait cent pas: j'apperçois dans un chemin raboteux deux chevaux richement harnachés; à côté, un esclave égorgé nageant encore dans son song; un peu plus loin, un vieillard attaché à un arbre. Ses mains étoient liées, son visage baigné de pleurs, ses yeux tendrement tournés vers une jeune personne qui tendoit vers lui les bras en l'appellant son pere. Elle faisoit d'impuissans efforts pour s'arracher a deux hommes armés qui paroissoient vouloir l'enlever. Je n'avois que le foible instrument de mes travaux : j'eus l'audace de voler a eux. Les Dieux aident les généreuses témérités. Je fis tomber un de ces barbares à mes pieds, je forçai l'autre à prendre la fuite. Je déliai aussi-tôt le vieillard ; son premier mouvement fut de me serrer dans ses bras, tandisque sa fille arrosoit mes mains de ses larmes. Ils resterent long-temps sans pouvoir exprimer leur reconnoissance. Mon fils, me dit enfin le vieillard. O vous qui cachez un Héros sous cet habit grossier, parlez, que puis-je faire pour m'acquiter de ce que je vous dois ? Vous me rendez une fille, hélas mille fois plus chere que ma vie, l'unique gage qui me reſte de la tendreſſe d'une épouſe adorée que les Dieux m'ont ravie. Et moi, diſoit-elle, qui vous dois ce qu'il y a de plus précieux, l'honneur & la vertu, divin libérateur qui m'arrachez à d'impurs raviſſeurs, par quels préſens reconnoîtrai-je ce bienfait! Venez, ajoutoient-ils tous les deux, venez à Suſe. Demandez Arſace. Tout ſon pouvoir, toutes ſes richeſſes, tout ſon ſang eſt à vous.

Je les quittai & je revins chez mon pere à qui je dis mon avanture. J'y ajoutai les offres qu'on m'avoit faites: ah mon fils, s'écria-il, contentez vous du plaiſir d'avoir fait des heureux. La délicieuſe joye qu'inſpire la vertu, eſt la ſeule récompenſe digne d'elle. Gardez vous d'en avilir le prix en le recherchant dans des biens dont le faux éclat vous raviroit le bonheur en vous en offrant l'apparence. Ma mere me répéta les mêmes conſeils. Je promis de les ſuivre. C'eſt la premiere fois que ma bouche a été perfide. Les honneurs dont on m'avoit flaté ne me touchoient point & je mépriſois les richeſſes. Mais l'image de celle que j'avois délivrée triomphoit dans mon cœur. L'amour me faiſoit ſentir ſes premiers traits: j'en avois déja tous les tranſports. Le temps ne fit que les irriter. La ſombre ſolitude, les fêtes de nos bergers, le repos de la nuit, les travaux du jour, tout me retraçoit les graces de la fille d'Arſace. Enfin vaincu par mes deſirs, je m'arrachai en ſecret à l'humble toit de mes peres, & j'arrivai à la ſuperbe capitale des nations.

On m'indiqua la maiſon d'Arſace. Je le trouvai au milieu d'un cercle d'amis. Sa fille étoit auprés de lui, éblouiſſante par l'éclat des diamans moins brillans qu'elle. J'avois encore l'habit groſſier de mes peres. Ils coururent tous les deux

vers

vers moi & me presentèrent à l'assemblée comme leur libérateur. On me revétit d'une robbe persienne: des maîtres cèlèbres m'instruisirent dans tous les Arts qu'a inventés le luxe de l'Asie. Les trésors d'Arsace étoient toujours ouverts pour moi. Je les comptois pour rien, je n'étois sensible qu'au plaisir de voir Barsine, de parler à Barsine. D'abord je n'espérois rien de plus, peu à peu je crus lire dans ses soins un mouvement plus tendre que la reconnoissance. Enfin tout en elle m'assura qu'elle partageoit mon amour: je n'osois cependant le lui dire. Un jour je me trouvois seul avec elle. Poussé par le trouble de mes sens, je tombai à ses genoux sans parler. Elle me demandoit d'une voix tremblante ce que je voulois. Arsace entra; la disgrace que me promettoit mon attentat ne me touchoit point comme la douleur d'avoir offensé mon généreux protecteur. Muet, immobile je n'osois lever les yeux vers lui. Il vint à moi : Euphranor, me dit-il, que craignez-vous ? pourquoi détournez-vous la vue ? si j'ai à me plaindre, c'est que vous vous soyez assez méfié de ma tendresse, pour m'avoir caché vos sentimens. Ah Seigneur, lui repondis-je, comment voudriez-vous que je vous eusse fait l'aveu d'un amour que la bassesse de mon état rend si coupable. Mon fils, reprit le vieillard, vous me connoissez peu. Il y a long-temps que j'ai pesé au poids de la raison, les idées des hommes. Quelque soit l'intervalle que la fortune ait mis entre vous & moi, vos vertus l'ont fait évanouir. J'ai souhaité souvent de vous voir uni à Barsine. J'étois cependant résolu de ne gêner jamais vos desirs ; mais puisqu'ils conspirent avec les miens, je ſuis trop heureux que ſa main acquitte ma reconnoiſſance. Il nous unit le même jour, il ne ſurvêcut pas long-temps à ce bienfait. Je ne me conſolai de ſa perte que par la douceur de le retrouver dans Barſine. Une fille que nous donna nôtre amour, vint encore en reſſerrer les liens. Nous étions le modèle des époux fortunés & vertueux.

Je devrois m'arrêter ici : Ce n'eſt qu'avec horreur que je vous obéis. Vous n'allez plus voir qu'un enchaînement d'erreurs, de crimes & d'infortunes.

Il y avoit trois ans que j'étois le plus heureux des mortels. Une jeune Grecque vint à Suſe. Son âge, ſes graces, ſa beauté, l'art séducteur des ruſes de l'amour la rendirent bientôt célebre. Je la vis, je péris : aſſez perfide pour l'aimer, aſſez infortuné pour lui plaire. Les charmes de mon épouſe, ſes vertus, ſa tendreſſe, ſa douceur qui ne laiſſa jamais échapper la moindre plainte, les remords les plus cuiſans, rien ne put m'arracher à la volage Iſménie. Suſe entiere fut indignée. Tout le monde déplora le malheur de Barſine. Ne pouvant ſoutenir d'avantage l'indignation publique, je voulus changer de demeure. J'en parlai à Iſménie qui promit de me ſuivre. Ce fut alors qu'elle me donna le barbare conſeil dont, après mille combats, j'embraſſai toute l'horreur. Je feignis de rompre avec Iſménie. Je témoignai plus de tendreſſe à Barſine. Je lui dis que je ſouhaitois me retirer pour toujours dans le pays de mes ancêtres, je lui demandai ſi elle conſentiroit à me ſuivre.... » Fut-ce dans les parties de la terre » que le ſoleil n'éclaire jamais, s'é» criat-elle; la cabane la plus miſéra» ble avec vous, ſera pour moi un » Perſépolis ». Je vendis, ſous ce prétexte, les terres, les esclaves & les meubles. Nous quittâmes Suse, elle & sa fille encore au berceau, dans un char conduit par le seul esclave que j'avois gardé; moi, à cheval, avec notre trésor. Trois jours s'étoient écoulés depuis notre départ. La nuit approchoit. Je devançai ma famille en feignant de vouloir préparer un logement dans un bourg voisin. Lorsque je fus hors de la portée de leur vue, je quittai la route de la Mésopotamie & je tournai vers Gaza. J'y arrivai au bout de deux jours & j'y trouvai Isménie qui m'avoit promis de s'y rendre. Là, sous le nom emprunté de Policlète, je me livrai aveuglément à toutes les volontés de ma maîtresse. Ses profusions, son faste épuiserent bientôt ma fortune. A peine eus-je passé un an dans ce faux bonheur que je me vis réduit à redouter l'indigence. Je m'en consolois par l'espoir d'être toujours aimé. Un ſoir, en revenant chez-moi, quelle fut ma ſurpriſe de trouver ma maiſon abſolument déſerte! j'entrai dans les appartements où, aulieu de meubles, je n'apperçus qu'un billet que je garde encore. Le voici : » vous êtes ſans » doute trop raiſonnable pour exi- » ger qu'on vous ſoit fidèle, l'indi- » gne traitement que vous avez fait » à la plus reſpectable épouſe qui » fut jamais, me fait un devoir de » la vanger en vous rendant mal- » heureux.

Je n'écoutai dans ce moment que la fureur, la rage qui m'inſpiroient. Je fis tant de diligence que je decouvris dans peu d'heures, la nouvelle de ma cruelle amante. J'y volai, & auſſi-tôt que je l'apperçus, je plongeai dix fois le poignard dans ſon ſein. Le fer ſanglant à la main, je me fis jour au travers d'un peuple menaçant. Aidé des ombres de la nuit, je ſortis ſans ſuivre de route certaine, & je marchai avec précipitation jusqu'au lever de l'Aurore.

Accablé alors par la fatigue, je me jettai sur une prairie écartée où je m'abandonnai à mes tristes réflexions. Le sang impur d'Isménie sembla m'avoir rendu toutes mes vertus. Le voile de l'illusion étoit tombé. Les charmes de Barsine, sa tendresse, ses vertus, reprirent leur place dans mon cœur. Un torrent de larmes coula de mes yeux. J'attestai le flambeau de la Nature qui commençoit à paroître, de ne plus vivre que pour mon épouse. J'étois trop sûr de son cœur, pour croire qu'elle me dédaignat dans mon indigence. Mais où la trouver! hélas! peut-être avoit-elle succombé sous le poids de ses malheurs! Peut-être elle & ma fille victimes de ma barbarie, avoient-elles perdu le jour! Cette affreuse idée me déchiroit sans cesse; je voulois l'écarter, les

Dieux ſans doute la faiſoient renaître malgré moi ; pour être mon ſupplice. Il me reſtoit quelques bijoux : j'en calculai la valeur , bien réſolu d'en ménager le prix pour pouvoir chercher Barſine. J'errai un an entier dans toutes les villes du vaſte empire d'Artaxerxe. J'oſai me montrer à Suſe. Je ne rencontrai partout que l'horreur pour mon nom, que des regrets pour Barſine. Enfin ne pouvant plus me flatter de la recouvrer , je m'enrolai dans les troupes qui devoient combattre contre les Colonies Grecques. Je voulois y trouver une mort honorable. Le ſort me pourſuivit. Dès la premiere campagne je fus fait eſclave dans une ſurpriſe , & je devins la proie du plus inhumain de tous les maîtres. Je ſouffris , dix ans entiers , tout ce que la captivité a d'affreux. Enfin je briſai mes fers & je vins à Smirne où un Guèbre de mes parens me dit que ceux qui m'avoient donné le jour, l'avoient perdu en apprenant mes crimes. Il ajouta que la nation d'un commun accord m'avoit dépouillé de mon héritage, l'unique resſource que j'avois encore. Qu'on eſt malheureux quand on n'a pas la conſolation d'oſer ſe plaindre ſoi-même ! au milieu de tous mes revers, le plus douloureux ſentiment étoit que je les avois mérités. Cent fois je fus ſur le point de terminer une vie qui ne m'offroit que l'ignominie, & le remord. Je fus toujours retenu par l'eſpoir de retrouver Barſine. Cet eſpoir me ſoutint; cet eſpoir me força à deſcendre juſqu'à aller mandier des autres, les ſecours néceſſaires pour prolonger mes malheureux jours.

J'errois dans cet état infame, de ville en ville, toujours demandant inutilement Barſine. La fatigue, la honte, la douleur ; plus que tout cela, les remords & l'amour, me minerent insensiblement. Une fiévre ardente me saisit. Je marchois malgré ses tourmens : enfin vaincu par leur excès, je tombai évanoui auprès d'un magnifique château. Un esclave qui demeuroit m'apperçût, & alla dire à sa maîtresse mon état. Cette généreuse Dame vint elle-même accompagnée d'une jeune personne superbement mise qui me parut sa fille. Elle me fit porter dans une case de ses domestiques & ordonna qu'on eut soin de moi. Elle me visitoit de tems en tems, toujours suivie de cette jeune beauté que j'avois vue avec elle, la premiere fois. Je ne pouvois jetter les yeux sur celle-ci sans être émue. Je croyois démêler en elle des traits qui avoient quelque raport avec ceux de ma chere Barsine. Cette idée m'arrachoit des larmes. je m'apperçevois avec étonnement quelle en versoit aussi quelquefois,

& quelle me considéroit toujours avec beaucoup d'attention. Un jour, elle vint seule, & comme elle me regardoit en soupirant : Généreuse beauté, lui dis-je, quel est cet intérêt si tendre que vous daignez prendre pour un malheureux d'un rang aussi abject ? hélas, me répondit-elle, tous les malheureux me sont chers, & vous me l'êtes plus qu'un autre. Mais vous, ajouta-t'elle, pourquoi vous attendrissez vous en me voyant ? j'avois, lui dis-je, une fille qui seroit aujourd'hui de votre âge, & (pardonnez cette illusion,) vos charmes si doux me retracent les charmes d'une épouse que j'adore. Etranger, reprit-elle, c'est un motif semblable qui m'agite. Ma mere m'a mille fois parlé de mon pere. Elle se plait à m'en peindre tous les traits ; & je ne sais, vous me paroissez en offrir une confuse image. Mais, lui dis-je, vôtre pere étoit ſans doute l'époux de ma généreuſe bienfaitrice. Non ; reprit-elle, en ſoupriant. Il s'en faut bien qu'il jouiſſe d'un pareil éclat. Il fut coupable ſans doute ; mais il eſt encore plus malheureux. Hélas peut-être errant comme vous, ſouffre-t-il un ſort ſemblable. Quel fut donc ſon crime, lui dis-je avec tranſport ? Que vous importe, me dit-elle, je dois le cacher pour jamais. Ah peut-être, repris-je, ſi vous daigniez me faire cette confidence, je pourrois vous donner quelque éclairciſſement. Que dites vous, reprit-elle troublée. Hélas ma mere m'a toujours caché ſa faute, mais d'autres m'ont aſſuré qu'il l'abandonna dans des terres inconnues au milieu d'un voiage. Je me detournai pour me cacher : hé quoi! lui dis-je, ce pere ſi coupable, ce pere monſtrueux pouvez-vous ſouhaiter encore de le revoir? Votre mere peut-elle aimer encore ce mari barbare? Ah! s'écria-t'elle, les yeux remplis de pleurs, ma mere l'adore toujours: elle est même partie d'ici pour tacher de découvrir où il est, & moi je vous donnerois tout mon sang, Etranger, si vous pouviez nous le rendre. Eh bien, lui dis-je, en me retournant vers elle, trempé de mes larmes, ma fille, je vous le rends: embrassez votre pere. Elle se précipita dans mes bras. Nous nous tenions étroitement serrés, sans pouvoir nous parler que par des sanglots. La maîtresse du logis parut dans ces momens. Ah, Madame, lui crioit ma fille, j'ai retrouvé mon pere, oui c'est lui, c'est Euphranor.

J'appris que Barsine étoit allé a Arbelles, avec Syrus l'esclave que je lui avois laissé, pour prier le gouverneur de faire des informations dans toute la province. Malgré mon épuisement, je montai à cheval & je courus à cette ville. Je retrouvai Barsine. C'est le jour le plus doux que m'aient jamais accordé les Dieux. Les plaiſirs qu'aprouve la vertu ſont tout autrement flateurs que ceux qu'elle desavoue. Après avoir donné les premiers inſtans à la douceur de nous revoir, je priai Barſine de me dire quel avoit été ſon ſort depuis ma fuite. Elle m'en fit le recit dans ces termes.

» Lorſque je fus arrivée & que » je vous demandai envain, je tombai dans des inquiétudes mortelles. Cher époux, le ciel m'eſt témoin qu'elles ne regardoient que vous. Je vous fis chercher dans tout le bourg. J'envoyai dans la campagne des hommes avec des flambeaux. Je paſſai toute la nuit dans cette affreuſe agitation. Le lendemain, à peine l'aurore dévoiloit la nature, j'allai moi-même avec Syrus parcourir tous les environs, j'engagai par mes pleurs tous les habitans de la bourgade à me ſéconder. Je reſtai juſqu'au ſoir

» dans cette inutile occupation.
» Alors un païsan vint me rapporter
» qu'il avoit vû la veille, un cavalier
» s'éloigner d'un char & gagner avec
» vitesse une route opposée. Au por-
» trait qu'il me fit, je reconnus mon
» malheur. Vous savez combien j'a-
» vois peu de ressources. Je n'osois
» retourner à Suse. Il est affreux
» d'avoir pour temoin de nos dis-
» graces , ceux qui l'ont été de
» notre éclat. D'ailleurs je n'avois
» dans cette ville, aucun parent assez
» généreux pour s'intéresser réelle-
» ment à mon état. Je tournai les
» yeux vers la sœur de ma mere qui
» demeure à Milet. Les liens étroits
» du sang & ses richesses immenses
» me flatoient de ses secours. Mais ,
» mon cher Euphranor, les malheu-
» reux n'ont point de famille. Je ne
» reçus que des cruels reproches, &
» d'inutiles conseils. J'étois réduite
» au desespoir & vous ne reverriez
» plus vôtre Barsine, sans Syrus. Ce

» généreux esclave soutint mon courage, en partageant mes douleurs » & en me montrant des ressources. » Il me mena à Arbelles chez un de » ses parens a qui il cacha mon nom. » Heureusement il entend le jardinage : il travailloit avec une ardeur » infatigable & il venoit me porter » tout ce qu'il gagnoit. Son application, & le gout qu'il avoit pris à » Suse, le rendirent bientôt fameux. » Cette dame chez qui vous avez » trouvé ma fille, entendit parler de » lui & voulut l'avoir pour son château. On lui dit qu'elle se servoit » de ses richesses immenses pour soulager les malheureux. Il y vola. Il » redoubla ses soins & son industrie. » Vous le connoissez insinuant, il fit » si bien par ses talens & par son » zele qu'il gagna les bonnes graces » de sa maîtresse. Elle daignoit quelquefois s'entretenir familierement » avec lui, il saisit un de ces moments » & en se jettant à ses pieds, il lui demanda

» demanda le ſecret & une grace. Il
» lui avoua alors mes revers : elle en
» fut touchée & depuis ce tems ma
» fille & moi nous avons vécu chez
» elle par ſes bienfaits. Il n'y a point
» de bontés dont elle ne nous ait
» comblées toutes les deux.

Malgré la douleur, (toujours ſi amere pour des cœurs généreux) d'être à charge aux autres, & celle, mille fois plus vive, d'être ſeparée de vous; je me conſolois aumoins par la perſuaſion que vous étiez heureux. Un habitant de Gaza paſſant ici, raconta l'hiſtoire de Policléte, & ajouta qu'on l'avoit vû errant dans l'Aſſirie, gémiſſant ſous le poid des miſeres. Je ne vous reconnus que trop, infortuné Euphranor ! C'eſt depuis cette fatale nouvelle que j'ai ſenti toute l'horreur de mes maux. Pour comble de diſgraces, je n'avois pas le moyen de vous aller chercher moi-même. Heureuſement j'appris peu de jours après que ma barbare parente étoit morte, & me laissoit une riche succession. Je fis vœu aussi-tôt de l'employer toute à vous découvrir. C'est dans ce dessein que je suis venue ici; & Syrus est actuellement occupé à louer des émissaires. Grace au Ciel! Ses soins sont inutiles & j'ai le bonheur de retrouver un époux tendre.... Le plus tendre qui fut jamais, lui disois-je. Syrus entra. Je considerai cet esclave avec une confusion mêlée de respect. Nous lui donnâmes aussi-tôt la liberté. Nos biens sont les siens, & je n'ai point d'ami qui me soit plus cher. Nous retournâmes au château, & après avoir témoigné notre reconoissance, à la protectrice de ma famille, nous vinmes à Milet où les affaires qui nous demandoient, nous ont fixé. Le bonheur est rentré dans mon sein avec la vertu. Je retrouve le caractere de Barsine dans nôtre chere Roxane. Barsine a oublié mes erreurs ; & moi, je m'en souviens toujours pour les réparer.

LETTRE XLV.

Aspasie à Phila.

QU'Euphranor est heureux de regner dans un cœur tel que celui de Barsine ! Que Barsine est heureuse d'avoir pû donner à Euphranor des preuves incontestables des sentimens de son cœur ! Si j'aimois, il n'y auroit point de malheurs qui me parussent payer trop cher, le plaisir de convaincre de toute ma tendresse celui qui en seroit l'objet.

LETTRE XLVI.

A la même.

JE ne m'en défens point, Phila. Oui j'aime Periclès, j'ai pour lui une tendre amitié, une amitié telle que je la ſens pour toi, digne de nous raſſembler tous trois. Tu te méfies de cette vertu, tu ne crois pas qu'elle puiſſe ſubſiſter entre deux cœurs que l'âge appelle à des mouvemens plus doux. Tu te perſuades qu'une paſſion dangereuſe ſe cache ſous ce maſque reſpectable. Tu veux plus, tu exiges que je t'en faſſe l'aveu. Hé-bien, j'y conſens. Suppoſe que je m'aveugle, ſuppoſe que l'amour ait en effet triomphé de mon indifférence. Mais imagines en même tems un amour qui n'ait eu que l'eſtime pour principe, qui n'ait pour objet que les plaiſirs les plus purs, un amour dont la raiſon regle les mouvemens, dont toute la vivacité ne tende qu'à unir les ames, que la vertu ſuive toujours, que les ſens groſſiers ne deshonorent jamais. Parle, ta ſevere ſageſſe pourroit-elle proſcrire un penchant ſi heureux ? Garde toi de traiter cette idée de chimère. Je ſens que mon cœur peut le réaliſer. Deſcens dans le tien : il eſt trop bien fait, pour que tu n'en trouve pas la reſpectable image.

LETTRE XLVII.

A la même.

QUe tu es preſſante ! Tu ne te contentes pas que je t'aie montré mes plus ſecrétes penſées. Tu demandes encore que je t'expoſe avec franchiſe toutes les circonſtances de mes entretiens avec Périclès. Puis-je te rien refuſer ? je prevois les funeſtes préſages dont tu vas m'accabler. N'importe:

j'aime encore mieux te paroître foible que d'être coupable en manquant de ſincerité. Je ne puis te nier que Périclès change tous les jours, il devient ſombre, rêveur & il ne l'eſt jamais plus que lorsqu'il eſt ſeul avec moi. Souvent à peine avons nous commencé à parler, il ſe tait, il tombe dans des diſtractions étonnantes. De tems en tems il leve ſur moi des regards pleins de feu avec un air de plaiſir, & au même inſtant il les baiſſe avec terreur. J'entens ſes ſoupirs & je vois quelquefois ſes yeux ſe remplir tout à coup de pleurs. Tu demandes quels ſont alors mes ſentimens. Cruelle connois les donc. Dans ces momens, je ne puis t'exprimer combien je me ſens attendrie. J'ai toutes les peines du monde à défendre de partager ſes ſoupirs : je ſuis prête a mêler mes larmes aux ſiennes. Je veux reprendre la Philoſophie : elle fuit ma mémoire. Ma voix expire ſur mes lévres. Nous ne parlons que par mots entrecoupés. J'éprouve un trouble dont j'ignore le ſujet. Et, te le dirai-je ? j'y trouve une douceur que ne m'offre point le calme le plus profond. Non, Phila, ne l'appelle point une foibleſſe. Ah ſans doute : c'eſt l'effet de cet amour vertueux dont je te faiſois l'image, & je te jure que Périclès n'en peut avoir d'autre.

LETTRE XLVIII.

A la même.

NE ceſſeras tu point de m'accabler ! Tu me conſeilles de rompre avec Périclès. Dis moi donc de m'arracher le jour. Hé le puis-je ? ſur quel prétexte ? jamais il ne fut plus reſervé. Jamais il ne montra plus de timide circonſpection. Hier même je vis cent fois ſa bouche prête à me faire l'hommage de ſon amour. Cent fois je la vis fermée par le reſpect. Mais enfin, après tout, que craindre de ſa préſence ? Quand même les ſens ſe mêleroient à la pureté de mes ſentimens ; quand même des deſirs charmans m'entraîneroient vers un bonheur que nous defendent les bizares idées des hommes ; augures-tu ſi mal de ma raiſon, que tu la crois impuiſſante pour les vaincre ? C'eſt dans ces attaques que triomphe toute ſa force. Si tu m'eſtimes, tu dois me ſouhaiter ces combats, pour avoir le plaiſir de te rejouir de ma victoire.

LETTRE XLIX.

A la même.

EH bien ! vois la vanité de tes présages. Tu te méfiois de ma force, je viens de frapper le coup le plus cruel... Nous parlions Périclès & moi du bonheur de la vertu. Hélas , m'a-t-il dit , cette vertu seroit-elle incompatible avec les attraits de l'amour ? Non, je ne puis me le persuader. Envain la foule des humains éleve-t-elle sa voix : j'en crois la Nature qui parle plus haut qu'eux. Il est tombé tout à coup dans un profond silence. Eh quoi ! a-t-il ajouté quelque tems après : me feroit-elle un crime de vous adorer. Que dites-vous ? Ai-je repris avec feu. Ce je ne puis plus vous cacher , m'a-t-il répondu en se précipitant ą mes genoux. En même-tems il baignoit mes mains de ses larmes : il ne s'exprimoit que par des ſoupirs : ſa bouche ne formoit de foibles ſons, que pour me dire qu'il m'aimoit. Ah! mon cœur lui juroit le plus tendre retour. J'ai eu le courage de m'armer d'un front ſevere & de lui défendre le mot d'amour. Il s'eſt levé en paliſſant. Il eſt parti. Phila, je lui ai mis le poignard dans le cœur. Et quel mal après tout, me faiſoit ſon aveu ? barbares préjugés ! faut-il que je vous immole le bonheur de tout ce que j'aime !

LETTRE L.

A la même.

APplaudis toi du ſuccès de tes avis inhumains. Cruelle, ils ſont exécutés. Mais juge aux larmes qui baignent ce papier, ce qu'il en coute à mon cœur. Oui j'ai fait défendre à Pèriclès de revenir chez moi. Ah, Phila, peut-être mourra-t'il de cette rigueur. Surement je n'y pourrai ſurvivre.

LETTRE LI.

A la même.

TEs ſoins ſont inutiles. Je l'adore. Ne cherche point à combattre un amour invincible. Contente toi que je me ſois interdit la vue de ſon aimable auteur. Laiſſe moi la conſolation de me repaître de ſon image, & quel crime eſt-ce donc d'unir ſes cœurs? ſi c'en eſt un, accuſe la Nature qui nous y invite par des attraits Si doux : ou plutôt accuſe les foibles mortels ; plains moi : plains toi, plains toutes les malheureuſes victimes d'un phantôme d'Honneur qui n'a de réalité que dans ſes ſupplices.

LETTRE LII.

Aspasie à Périclès

NOn, vous ne le pensez pas ; non, vous ne vous persuadez pas que je puisse hair l'homme du monde qui mérite le plus d'être aimé, qui, peut-être, l'est davantage. Il n'est plus tems de vous cacher ma foiblesse. Vous la connoissez, vous l'avez vue, je vous l'ai montrée, tout vous l'a dit ; & je sens un funeste plaisir à vous en répeter le coupable aveu. Mais c'est cette foiblesse même qui ordonne un rigoureux sacrifice ; & plut à Dieu que je l'eusse embrassé plutôt ! il ne m'eut pas alors couté la vie. Aveuglée par un penchant qui me déguisoit le nom de l'amour, ma tranquille imprudence en nourissoit avec sécurité le délicieux poison. Vôtre presence étoit pour moi le plus grand des biens. Je m'applaudiſſois d'en jouir tous les jours. Je croyois perdus les inſtans qui ne m'en offroient pas la douceur. Hélas tout conſpiroit pour vous & contre moi ; la Philoſophie qui me promettoit des ſuccès plus brillans, l'amitié qui me flattoit de ſon innocence, vôtre génie qui ſembloit vous élever au-deſſus des viles paſſions, mon impuiſſante Raiſon qui ſe vantoit d'être ſupérieure à leurs attraits. Envain une main ſage me pérſentoit un utile flambeau. Je lui faiſois un crime de ſon importune lumiere. Hier enfin, le voile fut déchiré, je vis l'abime & j'en fremis encore. Heureuſe au moins d'avoir pû vous dérober mon état ! Heureuſe que lorſque vous étiez à mes pieds, vous n'aiez point apperçu le feu qui embraſſoit mes ſens, la vivacité de mes tranſports qui accuſoient les vôtres de foibleſſe, la fureur de mes deſirs qui ſe plaignoient de votre timide respect! Ah Périclès, j'étois perdue. Si vous m'aimez, si vous avez pour moi l'estime que vous m'avez jurée, éloignez-vous pour me la conserver : fuyez, épargnez-moi l'opprobre d'un odieuse défaite.

LETTRE LIII.

Aspasie à Phila.

JE suis vivement piquée contre Périclès. Tu sais que je lui avois interdit ma présence. Je lui ai même écrit depuis, une lettre où, en avouant mes sentimens, je lui faisois comprendre les dangers où il me mettroit en continuant à me voir. Malgré tout cela, il est revenu; & en se jettant a mes genoux; non, m'a-t'il dit, non, Aspasie, je n'obeirai point à un ordre que révoque vôtre cœur. En prononçant ces mots, il avoit un air si tendre! Je lui ai cependant reïtéré très sérieusement mes défenses. Mais quelques instances que je lui aie faites, il m'a juré qu'il continueroit toujours ses visites. Je crois qu'il a gagné mes esclaves qui l'introduisent malgré moi. Tu juges bien qu'il n'est pas possible d'en venir à de plus dures extrémités avec un homme comme lui; & d'ailleurs il n'est plus si à craindre. Il ne surprendra plus mon imprudence: je sais ses desseins & je me connois. C'est avoir triomphé à demi que de sentir sa foiblesse. Adieu: conserve moi ton amitié & continue moi tes conseils.

LETTRE LIV.

Phila à Aspasie.

MOn amitié est invariable. Dans quelque situation que tu te trouves elle sera toujours la même. Mais n'attens plus mes conseils; ils te seroient inutiles & me rendroient importune. Tu dis que c'eſt avoir triomphé à demi, que de ſentir ſa foibleſſe : mais c'eſt être vaincue tout à fait, que de l'avoir laiſſée connoître. Aſpaſie, ah ! Puiſſe l'amour ne te préparer que ſes douceurs & écarter ſes allarmes ! Puiſſe une éternel nuit couvrir de durables plaiſirs ! Puiſſe ton amant ne te faire éprouver jamais, la honte de l'indiſcrétion, & le dépit de l'inconſtance !

LETTRE LV.

Aſpaſie à Phila.

TU m'abandonnes auſſi, Phila ! Hélas tout me laiſſe à moi même : tout me livre aux cruels deſirs qui me dévorent. Envain je cherche dans l'étude une diverſion à leur fureur. Les ſciences ſublimes qui m'enchantoient autrefois, n'ont plus pour moi que de ſombres dégouts. La Morale à qui ma raiſon demande des secours, offre des excuses à ma foiblesse. Je consulte les noires peintures des malheurs de ma passion, je retombe sur les tableaux rians qui m'en retracent les douceurs ; je les médite, je m'y livre, mon cœur s'en remplit. Le séverе Honneur éleve alors sa voix terrible & m'effraie par la honte d'être vaincue. L'Amour charmant se fait aussitôt entendre & m'invite par le plaisir qu'il y auroit à l'être. Dechirée par ces deux tyrans, incertaine, agitée, je déteste le jour, j'invoque la nuit. Je me flate de trouver un soulagement que la lumiere me refuse, dans les ombres du sommeil. Le sommeil fuit de mes yeux, ou ses phantômes ne me présentent que de séduisantes images. Je crois voir Périclès aussi aimable, moins timide, plus heureux : il me prodigue les caresses les plus tendres : je lui repond par des caresses plus tendres encore. Je me reveille au milieu de ces aimables illusions : l'illusion subsiste, mes transports s'augmentent. Mon imagination me peint mon amant dans mes bras. Mes sens s'embrasent d'une flamme délicieuse ; & le prestige ne se dissipe que par des secours dont le ravissement laisse à sa place les souhaits ardens de la réalité.

Ah ! Phila, qu'on est à plaindre d'être née sensible & vertueuse. Heureuses celles dont la tranquille pudeur n'est point troublée par d'importuns desirs ! Heureuses celles dont les libres desirs ne sont point combattues par une importune pudeur !

LETTRE LVI.

Aſpaſie à Periclès.

COntentez-vous, Périclès, de ſavoir que je vous adore, que vous avez mon cœur, que vous l'aurez toujours. Jouiſſons, ſi vous voulez, de la ſatisfaction de nous le dire. Goutons tous les plaiſirs tranquilles de l'amour ; mais éloignons-en les tranſports pleins de trouble. Hélas! avant qu'ils euſſent altéré la ſérénité de nos jours, les heures de nos entretiens couloient rapidement dans d'innocens amuſements. L'enjoument & les arts en rempliſſoient les momens délicieux. Nous reuniſſions la douceur de nous voir & l'utilité de nous inſtruire. A preſent les ſciences ſont évanouies. Une ſombre mélancholie a pris la place de cette gaieté qui nous charmoit. Un embarras continuel regne dans nos entrevues. Un morne ſilence en remplit la plus grande partie. Si nous nous parlons, ce n'eſt que par quelques mots où domine la contrainte & que deſuniſſent nos ſoupirs. Auparavant je comptois les inſtans qui me ſéparoient de vous : je vous voyois avec une joye libre : vous ne partiez qu'avec mes regrets : je m'occupois de tout ce qui pouvoit me rappeller vôtre image. Aujourd'hui, tout ce qui me l'offre me fait frémir ; vôtre préſence m'eſt devenue redoutable : je ne vous entens annoncer qu'avec terreur. Je me vois réduite a ſouhaiter la fin d'une viſite dont chaque inſtant me menace d'une chute qui doit me couter mon repos, peut-être votre tendreſſe !

Ah ! Périclès pour vôtre bonheur & pour le mien, travaillons de concert à effacer de dangéreuſes idées. Servez-vous de vôtre génie pour les perdre. Montrez ſa force en ſurmontant vos deſirs. Faites plus : aidez-moi à étouffer les miens. Prêtez des ſecours à ma Raiſon qui s'égare. Fortifiez-là contre vous même. Voilà un effort digne de vous. Séduire un cœur tendre, c'eſt une gloire commune & aiſée. L'arrêter lorſqu'il eſt près de tomber, & le fixer dans la vertu, aux dépens de ſes propres plaiſirs, c'eſt un héroiſme unique & divin.

LETTRE LVII.

Aſpaſie à Périclès.

QU'ai-je fait ? Où s'eſt emportée l'ivreſſe de mes ſens ? Fierté, Pudeur, Tranquillité, honneur ; Peut-être j'ai tout immolé. Ah ! ſi tant de ſacrifices n'avoient eu pour objet qu'un volage ! Non, je ne le crois point. Mon cher Périclès, non, vous ne ſerez point parjure. Un cœur tel que le vôtre eſt fait pour être conſtant. A ce prix je ne regrette rien. Je ne me plains point de vos tranſports ; je m'applaudis même, s'il falloit ſuccomber, d'avoir au moins trouvé un vainqueur tel que vous ; charmant, diſcret, fidele, dont le bonheur ne ſera qu'un lien de plus pour le fixer a ſa conquête. Vôtre bouche m'en a répété cent fois le ſerment. Ces lignes que votre main vient de tracer me le confirment encore. Je ſuis bien loin de me livrer à des doutes qui ſeroient pour moi les plus cruels Supplices. Si cependant une étoile invincible ; ſi l'attrait d'un amour nouveau, doit jamais vous arracher à l'amour le plus tendre : Je ne vous demande qu'une grace, mon cher Périclès, ne me la refuſez pas ; c'eſt de me donner la mort : avant que de me rendre le témoin de vôtre inconſtance.

LETTRE LVIII.

Au même.

VOus avez donné un peu légerement la palme a vôtre ſexe, mon cher Périclès : je n'ai rien oſé répondre. Je craignois trop que le cercle nombreux où nous étions, n'apperçut à la vivacité de la défenſe, l'intérêt particulier que je prenois à la cauſe? Mais voulez-vous que je vous diſe à preſent ce que j'en penſe? Vous aimez plus, nous aimons mieux. Vos deſirs naiſſent avec le caprice, s'enflamment avec l'eſperance & gagnent peu, ou rien dans les faveurs. Combien y en at il même chez qui la volupté eſt le terme du ſentiment ! Notre attachement au contraire eſt foible dans ſon origine, il s'accroit avec l'eſtime, il ſe fortifie par les combats & devient ſouvent immortel par les plaisirs. Vous avanciez que les exemples de constance qui paroissoient décider en notre faveur, ne venoient que des prejugés qui contraignent la liberté de nos ardeurs. En effet la Bienséance est fort génante dans ce climat! Vous prétendiez que les fortes occupations qui agitent les hommes, occasionnoient en eux des distractions qui ne leur permettoient pas de laisser éclater toujours leurs tendresse : comme si la plûpart de vos femmes n'étoient pas plus occupées de leur toilette, que vos Magistrats ne le sont de l'Etat. Vous faisiez une longue énumeration des amantes volages. Je veux croire que votre Nation a le privilége d'en posséder beaucoup. Mais partout ailleurs, pour une qui nous deshonore par ce crime, on compte parmi vous, mille coupables qui s'en font gloire. Laissons-là, si vous voulez

lez, des exemples odieux. Vous vous piquez d'être un modele de délicatesse en amour. Pensez-vous de bonne foi l'emporter sur moi, je dis même m'égaler ? Je conviens que j'ai infiniment à me louer de vous. Je crois même que vous approchez de fort près ma sensibilité. Cependant vous commettez des fautes considérables qui ne m'échapperoient assurément pas. Tenez aujourd'hui vous avez brillé beaucoup. Eglé vous y applaudi, & j'ai vû que vous a avez pris tant de plaisir. Non Périclès, non, vous n'aimez point comme moi!

V

LETTRE LIX.

Au même.

NE nous faiſons nous point illuſion en faveur de nos deſirs ? Mon cher Périclès, les paſſions ſont ſi ingénieuſes à embellir de couleurs brillantes, les objets qui les irritent ! Elles ſavent mettre la raiſon même dans leurs intérêts, & ſouvent ſa voix n'eſt que l'Echo de leurs erreurs. Après tout quelque ſoit l'amour il me plaira toujours avec toi. Le crime de t'aimer, ſi c'en eſt un, vaut mieux à mes yeux, que toutes les vertus des ſept Sages. Cependant mon cœur qui eſt fait pour elles, ſeroit charmé de les concilier, ſi cela ſe pouvoit, avec les plaiſirs. Nous nous en flattons. Nous avons même des preuves qui ne ſemblent pas permettre d'en douter. Mais nous ſommes Parties &

par conséquent Juges suspects. Interrogeons un arbitre dont les lumieres nous assurent une décision vraie, dont la bonne foi nous en garantisse une sincere ; que l'âge ait mis hors d'intérêt, sans lui avoir donné cette humeur sauvage qui irrite presque toujours contre les voluptés dont on ne peut jouir : en un mot, Anaxagore. Je veux lui en écrire aujourd'hui même. Je n'ai garde pourtant de lui proposer une question dont il pourroit démêler les rapports. Il faut l'enchaîner avec d'autres qui par leur liaison entraînent l'éclaircissement de celle-ci. La chose est assez délicate comme vous voyez. Venez m'aider, mon cher Périclès, à consulter l'Oracle. Nous commencerons par gouter le bonheur de l'amour : nous travaillerons ensuite, à en justifier l'innocence.

LETTRE LX.

Aſpaſie à Anaxagore.

VOus penſez peut-être que je fais des vœux pour vôtre bonheur, illuſtre Anaxagore. Je vous aſſure que j'en fais de très ardens contre vos plaiſirs. Je ſouhaite que tous les météores nuiſibles aillent fondre ſur la campagne riante que vous habitez & vous ramenent malgré vous à l'air empeſté de la bruyante Athènes. Vous y perdriez un peu, & j'y gagnerois beaucoup. Mais je crois que le tems conſpire contre mes intérêts, jamais l'aimable Automne ne parut avec plus d'agrémens. Je n'ai plus d'eſpérance que dans le retour de l'Hiver. Quelqu'affreux qu'il puiſſe être, en venant avec vous, il ſera la plus belle ſaiſon.

En attendant, Périclès & moi, nous rempliſſons le moins mal que nous pouvons, le vuide de vôtre abſence. Nous cinglons à pleines voiles dans la mer de la Philoſophie. Nous ne nous bornons à rien de médiocre. Il y a long-tems que le rivage à fui loin de nous. Ce ne ſont que les plus ſublimes découvertes que nous nous propoſons, dans nos projets. Depuis quelques jours, nous cherchons entre autres, la nature de nôtre ame, ſon immortalité, la différence des vertus & des vices, & ſurtout des indices ſûr pour diſtinguer les unes d'avec les autres. Objets intéreſſans ſans doute! Mais comme malheureuſement nous voguons ſans pilotes; nous errons ſouvent, jouets inquiets du caprice des vents & des orages; ſans ceſſe flattés par l'apparence d'un port qui ſemble de loin ſe préſenter à notre eſpoir, & qui de près s'evanouit, & ne nous offre qu'un dangereux écueil. Eclairés notre route, Sage charmant. Fixez nos doutes, par votre reponſe : nous ſommes en droit de l'exiger. C'eſt un échange que les Grands hommes doivent aux foibles, ils nous accordent leur lumieres, & nous leurs donnons nos hommages.

LETTRE LXI.

Phila à Aſpaſie.

TU ne m'écris plus, je n'entens point parler de toi. Te fais tu un plaiſir ma chere Aſpaſie, de me livrer à mes cruelles terreurs ? Il n'en eſt point que ma tendre inquiétude ne conçoive ſur tes jours. Car je ſuis bien loin d'imaginer que la ſévérité de mes conſeils m'ait nui dans ton cœur. Ce ſeroit un ſoupçon qui nous outrageroit toutes les deux. Peut-être as-tu cedé à l'amour & crains tu de me le dire. Ah, Aſpaſie, ſeroit-ce à mes yeux que tu devrois rougir ! Va, je laiſſe cette inflexible ſévérité à celles qui, par la facilité de ſe rendre, n'ont point ſenti ce qu'il en coute pour réſiſter. Pour moi qui, juſqu'ici, ait eu le bonheur de me defendre, je ſai par mes combats, la difficulté de la victoire; & mes perils m'ont appris à pardonner une defaite. Combien de fois ai-je vu ma rigueur chanceler, & mes deſirs prêts à ſe ſoumettre aux tranſports d'un amant ! Cependant ce n'étoient point des Périclès ! Aſpaſie, conſole toi. Si j'ai triomphé, n'envie rien à ma Raiſon. Elle ne doit ſon ſuccès, qu'aux défauts de ſes adverſaires.

LETTRE LXII. *& dern.*

Aſpaſie à Périclès.

VEnez me féliciter, mon cher Périclès. Je retrouve à la fois ce qui m'eſt le plus cher après vous : une Amie & l'Innocence. Phila dont l'auſtere ſageſſe m'avoit allarmée, m'envoye le gage le plus touchant de ſa tendreſſe. Elle ſoupçonne notre bonheur, & l'excuſe en faiſant votre éloge. Je reçois en même tems la réponſe d'Anaxagore. Ce Sage me l'aſſure, & mon cœur me repete cet oracle.... Ah ! nos plaiſirs n'ont rien de criminel ! Ils ne nuiſent point à la félicité des autres, & ils ſont une raiſon de plus de chérir l'Etre ſuprême qui nous les diſpenſe. Venez-en renouveller le précieux hommage. Venez, mon cher Périclès, venez jurer de vous conſacrer avec moi, à la Vertu à l'Amitié & à l'Amour.

FIN.

TABLE
DES LETTRES
ET LEURS SUJETS.

On a désigné par une étoile celles qui n'ont pû être traduites.

X

Fin de la Table.